就職迷子の若者たち

小島貴子
Kojima Takako

a pilot of wisdom

目次

第二章　働き続けるために必要なこと

はじめに

私は、この一四年間〈キャリア・カウンセラー〉という仕事をしてきました。キャリア・カウンセラーとはなんだろう、と思う読者もいるでしょう。ひと言でいえば、これから働こうとする人たちの悩みや迷いを聞き、アドバイスをして、就職へと、その背中を押してあげる仕事です。

私が初めて就職したのは大手銀行でした。そこで新人教育などさまざまな仕事を経験し、結婚退職後七年間の専業主婦生活を経て、再び埼玉県の職員として職業能力開発校の指導員となって働いてきたのです。若い人たちの就職を支援するのが仕事でした。そして今は縁あって、大学で社会へ出る人たちと社会（企業、地域）をつなぐ〈コオプ・コーディネーター〉という仕事をしています。

初めて世の中へ出る学生も、フリーター生活を切り上げ、そろそろ正社員になろうと決めた人も、私のところへ相談にやってきます。再就職先を探す男性や、職場でうまくいかずに苦労している女性がくることもあります。皆、働くことに悩んでいる人ばかりです。

この本を手に取ってくださったあなたが、会社に勤めて三〇年、就職活動とはここしばらく縁のない部署にいる管理職だったり、就職しようとしている娘さんも息子さんもいなければ、これから私がお話しすることは、驚きの連続かもしれません。なぜなら、近年の就職を取り巻く状況は、かつてないほど変化しているからです。まず企業の経営環境が厳しくなったことを反映して、新規採用そのものが激減しています。ここ最近、いくらか増加に転じているとはいうものの、長いスパンで見れば、減っていることに変わりはありません。また就職活動そのものも、大学新卒者の場合、三年生の秋から始まり、最長で卒業時まで一年以上も続くという、異常なほどの早期化、長期化の様相を呈しています。

このため、就職はたいへん〈難しいもの〉になってしまいました。高校生はもちろん、大学生でも何十社と入社試験を受けても一社も内定が出ない、という例が、決して珍しくないのです。新たに就職しようとする人たちは、多大な精神的ストレスを背負ってしまいます。最近になって定着してきた〈就活〉という言葉は、この困難で、大きなプレッシャーを伴う長い道のり＝就職活動のことを示しているのです。

ここ数年、その増加が社会問題になっているニートについても、こうした事情を抜きにしては語ることはできません。ニート（NEET）とは、英語の「Not in Education, Employment, or Training」の頭文字をつなげた造語で、イギリスで生まれた言葉です。日本では、主として一五歳から三四歳の年齢層の、字義通り「学生でもなく、働いてもおらず、職業訓練も受けていない人」を指しています。平成一七年版の労働経済白書によれば、二〇〇四年、日本のニート人口は約六四万人（ニートに近い概念として、若年無業者を年齢一五〜三四歳に限定し、非労働力人口のうち家事も通学もしていない者として集計）。この数値は五年後には一〇〇万人に達するという、悲観的な見方もあります。いずれにしても、一つの地方自治体の人口数に匹敵する若い人たちが、こうした状態に陥っている現実は、彼らの親世代（多くは団塊の世代）が、数年後に一斉に定年を迎えることを考え合わせると、大きな社会問題といえます。

こうしたニート状態の若者たちを、年長者は「身体だけは大人なのに、心が未熟で働くこともできない弱い若者」と見てしまいがちです。もちろん豊かな時代に育った彼らに、辛い状況を耐え抜く力が欠けているという面は否定できません。ですが、ニートと呼ばれる人たちの約八割が、一度は就職しようとしたことがあり、その半数は現在も就職活動中だという事実（労働経済白書　前掲）を考えると、彼らは働く意欲はもっているのです。ただ、その意欲を受け止める、働く場がない。あるいは、うまく（働く場所に）出会っていない、といったほうが正確だと思います。

働くことができず、立ちすくんでいるのはニート状態の人たちだけではありません。若い人たちの就職を支援する仕事をしてきた私には、〈働く〉ということそのものが、彼らにとってあまりにも高いハードルになっているという実感があります。そうした高いハードルの前で途方に暮れている人、つまずいて落ち込んでいる人、クリアするために頑張りすぎている人、いろいろなタイプがいるのです。

彼らはいわば〈就職迷子〉なのです。就職という道筋で迷っている、この迷子たちになんとか道を教えてあげたい、と私は思います。ですから、私はこう言うのです。

「あなたは就職しようとしているけれど、何をしていいかわからないのね。そして、あなたは厳しい就職活動を前に、自分に自信がもてないのね。あなたは働いてみたけれど、それが自分の望んだ仕事かどうかわからないのね。……大丈夫、その『ない』を『ある』に変えていけるわよ」

頑張りすぎている人には、こう伝えます。

「就職するために、資格も取らなきゃ、アルバイト経験もしなきゃ、サークル活動もしなきゃ、そのうえ勉強もしなきゃと頑張っているのに、これでもまだ足りないと思っているのね。大丈夫、その『これでも足りない』を『充分ある』に変えていこう。働くために必要なことは、もっと身近なところにあるのかもしれないよ」

そして私は、就職活動で疲れ果て落ち込んでいる子どもたちを前に、どうしていいかわからずにいる親たちにも、こうアドバイスするのです。

「私たち親世代の頃とは、就職の状況がすっかり変わっているのです。子どもたちの苦しみが理解できない？　どうすれば力になれるのかわからない？　大丈夫、その『ない』も『ある』に変えましょう」

就職を取り巻く状況が厳しい——これは現実です。新たに働こうとするなら、その現実から逃げることはできません。立ち向かい、乗り越えるしか、就職する方法はないのです。だったら、乗り越えるために、わからない、自信がない、いくら努力してもまだ足りない、理解できないといった、たくさんの「ない」を「ある」に変えていくしかないと私は思います。

もちろん、これから働こうとする人たちを受け入れる側の、社会や企業にも彼らを理解する必要はあります。キャリア・カウンセラーという立場から、私はその双方を見てきました。そして今、新しい仕事に取り組んでいます。これから世の中に出ようとする若い人たちと、社会、企業の間に立って、共に働く喜びを感じながら仕事ができるよう橋渡しをするコオプ・コーディネーターという仕事を、大学を拠点に始めたのです。

こういった経験から得た、働きたい若者と彼らを受け入れる側、双方の抱える誤解やすれ違いを少しでも解消するためのヒントを紹介したいと思ったのが、本書を書くことになったきっかけでした。

これから就職活動を始めようという高校生、大学生であれば、本書の内容に「そういうことだったのか」と納得したり、「自分ならそんなへまはしない」と思ったりするかもしれません。就職活動に行き詰まったり、働くことができずに苦しんでいたりする子どもを目の前にして悩んでいる親世代は、実態を知ることでどういう対応をとるべきか、考えていただけるようになるでしょう。また新入社員を職場に迎える人たちも、この本を読んで、疑問を解くヒントを見つけたり、新しい接し方を見つけてもらえたら、と思います。本書が〈就職迷子〉である若い人たちと、社会、企業、大人との間をつなぐ助けになることを心から望んでいます。

なお、本書で提示している事例は事実に基づいてはいますが、個人の特定を避けるため設定や細部に変更を加え、典型的なケースとして紹介していることをお断りしておきます。

第一章

仕事探し　どこから手をつけたらいい？

1 人目の相談

■就職活動の前に、自分をよく知ろう

A「小島先生、僕は大学三年生になったところです。秋からは〈就活〉を始めなくてはならないんですが、先輩の話を聞くと何十社も回って一つも内定が取れないのはざらだ、といいます。そんな厳しい就活を乗り切る自信が僕にはありません。
アルバイトの経験はそれなりにありますが、コンビニとかファミレスなんかで……。遊ぶための資金稼ぎにとりあえずやったという感じです。だから、就職先をどう選んだらいいのか、よくわかっていないんです。とにかく、どこから手をつけたらいいかわからないんです。どうすればいいのでしょう」

彼、A君は、ごく普通の大学生に見えます。おしゃれな髪型をして服装もこぎれいです。大学はまずまずのレベルですし、成績もそこそこです。話しぶりはやや元気がありませんが、最近の大学生を絵に描けば、まさにこんな感じだろうかという印象です。

確かにA君が先輩に脅かされたように、近頃の新卒者の就職状況には厳しいものがあります。平成一七年版の労働経済白書によれば、二〇〇四年に就職できた大学卒業者は、卒業者全員のうち五五・八％でした。二人に一人は就職できなかったということです。同じ就職率が一九九一年には八一・三％だったのですから、この一三年で二五ポイント以上落ち込んだことになります。また、同じ二〇〇四年に、大学卒業者の二〇％が無業者（つまり仕事も大学院などへの進学もしない境遇）に陥っていますから、就職できなかった大卒者のおよそ半分は、いわゆる「ニート」と同じ状態になってしまったわけです。こういう人たちは一三年前にはわずか五～六％でした。

さらに就職協定がなくなって以来、いわゆる企業の青田買いに歯止めがかからなくなったため、今では大学新卒者の場合、三年生の秋には説明会や会社訪問という形で就活が始まってしまいます。長ければ、その活動は一年以上も続くのです。一年以上も会社を回り、書類を提出し、試験を受け、面接に臨む。その結果が何十社も不採用、という人も珍しくありません。どれほど強気な人でも、こうした経験には傷つくものです。自分を全否定されたように感じてしまうからです。また、親の期待に応えられなかった、という思いも、彼らの心の負担になります。最近では、四年生の秋までに結果が出ないと、すっかり自信をなくして、就職しないという選択をする学生も多く見られるようになりました。就職できなかったというより、就職活動で心が傷ついて「もう、ごめんだ」と、就活そのものを放棄してしまうのです。

今や、大学さえ出ればどこかしらの会社に入れる、という時代は完全に過去のものになってしまいました。就職活動に取りかかる前から、A君の足をすくませてしまった先輩のひと言も、あながち根拠のないことではありません。

企業の採用が、この一〇年あまりで非常に厳しくなっているのは間違いないのですが、その状況を若い人たち自身がいっそう厳しくしてしまっている現実もあります。

相談にきたA君のような人を見て、私がいつも感じるのは、よくいえば、その素直さ、やさしさ——言葉を換えれば、ひ弱さ、耐性のなさです。彼らには試練にあって乗り越えた経験が少ないのかもしれません。新しい世界に足を踏み入れることをとても怖がります。また、何かに選ばれなかったり、落とされたりすると、ひどく傷ついてしまいます。

「会社って、どんな世界なんだろう」

「何十社も会社を落とされるなんて耐えられない」

いざ世の中に出る、というときになって、狭い世界でしか生きてこなかった彼らは、不安に怯《おび》えてしまうのです。

■もう渋谷へは行かなくてもいい？

私は仕事柄、日本全国でたくさんの学生たちに会います。ある地方の町で講演をしたとき、たいへん驚くやりとりがありました。会場には多くの高校生がきていたのですが、「みんな、高校を選ぶとき、何を基準に選んだの？」と尋ねると、「偏差値です」という答えが返ってきました。なるほど、〝入りたい学校ではなく、入れる学校へ〟というのは本当なのだ、と私も納得しました。

「それから……、自転車で通える（距離にある）学校です」

「……？」

私の高校時代は（もう三〇年も前ですが）、高校を選ぶなら、電車に乗って家からなるべく遠い学校へ行きたいと思ったものです。定期券を使い、ようやく大人になって広い世界へ出て行ける、とワクワクしたのを覚えています。最近の高校生は、広い世界へ出て行きたいとは思っていないのです。電車通学など面倒だし、中学まではまったく違う世界へ出て行くという冒険を望んではいないようでした。新しい経験をしたい、という好奇心が薄いのでしょうか？

確かに、むき出しの好奇心を感じさせる若者には、あまり出会わなくなりました。「熱血」や「ひたむき」と思われることは、彼らにとっては居心地の悪いことですし、常にクールで、ものに動じない人と見られたがっている傾向もあるようです。

その理由の一つに、彼らが自分でなんでも知っているつもりになっている、ということがあると思います。主にテレビなどから得る情報で、高校生たちの頭の中はいっぱいです。自分から好奇心を動かす余地は、あまり残っていません。地方にいても、今、東京でどんなお菓子に人気があるのかわかりますし、次のシーズンのファッション情報も得ています。渋谷で流行《はや》っているファッションは、通販やネット販売で手に入ります。その地方の中心都市に行けば、チェーン店（支店）で買うこともできるのです。だから、わざわざ渋谷の人ごみをかき分けて、少しドキドキしながら、お店を次々見て回り、品定めをするようなショッピングに行こうとは思わないのです。

でも、それは自分が本当に求めていた情報なのでしょうか。私は違うと思います。与えられた情報、どんどん送り込まれてくる情報を受け止めているだけです。彼らはいろいろな情報はもっているのですが、それは自分から求めて手に入れた情報ではありません。

世の中についても同じです。テレビやインターネットでいろいろな人が、世の中というのは、ああだ、こうだと言っているのをそのまま受け止めて、知っているつもり、わかっているつもりになっているのではないでしょうか。

相談にやってきたA君が「就職活動を乗り切る自信がない」と言うのも、受け身で得た「就活は甘くない」という表面的な情報に怯えるだけで、自分から自分の就職について情報を求めようとしていないからです。

■どんなことに興味があるの？

私は、そんな彼にこう言います。

小島「あなたが言うように、今、大学新卒者の正社員採用は厳しいの。そういう現実があるのは確かだけど、あなたはまだ自分で就職について情報を集めたりしてないよね？　やっぱり必要な情報は、自分から動いて集めないと本当の役には立たないと思う。あなたは、就職の情報と言ったときに、何を探せばいいのか、わかっているかな？　たぶん、どこから手をつけていいかわからないっていうのは、どんなジャンルの会社の、どんな職種の仕事を探せばいいかわからないからでしょう。
でもね、それを調べる前に、きちんと考えておくことがあるはず。それは、自分のこと。自分がどんなことに興味があるのか、どんなことならできるのか。まず自分のことをここでじっくり考えてみない？　それがわからないと、どんな仕事に自分の興味があるのかもわからないでしょう？」

今の若い人たちに欠けているのは、外の世界に対する好奇心だけではありません。自分の内面について考える習慣が身につかないまま、大人になっているのです。これは子どもたちに自分で考える経験をさせないで、先回りをして指示を出し、「とことん手をかけるのが、いい子育てだ」と信じてきた、私たち親世代にも責任のある問題でしょう。

ですから、就職活動に取りかかろうとして、どこから手をつけたらいいかわからず、途方に暮れているA君のような若者に、私はまず自分について考えてみよう、と言うのです。

小島「まず、自分がどんなことに興味があるか考えてみようか。子どもの頃、あなたにはどんなヒーローがいた？　ウルトラマン？　テレビを見るだけじゃなくて、フィギュアもたくさん持ってたのね。そう、それじゃ好きな遊びはなんだった？　ふうん、ミニカーで遊ぶのが好きだったの」

という具合です。

子どもの頃、抱いていた興味や好きだったことは、社会の影響をあまり受けていない素のままの自分がストレートに表れているので、成長してからのその人の土台、根元の部分になっていることが多いのです。ですから、それを思い出し、何に興味があったのかを考えてみると、今自分が本当に好きなものが見えてきます。

私たちは成長する過程で、他人にどう見られるかを気にするようになります。世間で普通と見られる枠から外れまいとも努めます。そして、身につけたたくさんの情報に埋もれて、いつしか素のままの自分を忘れてしまうのです。

就職の前に「自分はどんな仕事をしたいのだろう？　何をしたいのかわからない」と悩む人たちは、自分の内面について考える習慣を忘れているだけで、何をしたいのかわからないわけではない、と私は思います。

私が職業能力開発校の指導員をしていた当時、こんな生徒がいました。彼はお笑い芸人になりたいという夢をもっていたのですが、父親に「大学へ行ったつもりで、四年間は夢を目指してもいい。その代わり、お笑い芸人になれなかったときのために、何か手に職をつけて、食べられるようにはしておけ」と言われて、能力開発校に通っていたのです。彼は電気工事の資格を取るコースで学んでいました。お笑い芸人と電気工事、不思議な組み合わせです。私は彼に聞きました。

「どうして、電気工事の仕事を覚えようと思ったの？　お笑いとは関係ないよね」

「実は親父が家電店をやっているんです。小さい頃、よく親父が電気製品を修理しに行くのについて行ってました。そんな記憶があるせいですかね」

「そう、お父さん、販売だけじゃなくて修理もしてたんだね」

「はい。テレビの修理なんかすると、お客さんがすごく喜んでくれるんですよね。これで買い換えなくてすんだって。そういえば、修理して帰ったら母親が、『直さなければ新しいテレビを買ってくれたかもしれないのに』と言ったことがありました。親父は『俺はそういう商売の仕方はしない』って。かっこいいと思ったなあ」

彼は話しているうちに、自分が電気工事の技術を学ぼうと思った理由が、実は幼いときの父親の仕事が「かっこいい」と思った経験に土台があると気づいたようでした。じっくり自分の内面を見つめたわけではなかったのですが、無意識に自分が好きなこと（好きだったこと、憧れていたこと）を選択していたのです。

興味というのは、好きなこと、知っていることの延長です。その興味が持続し、さらに育っていけば、やがてその人の〈能力〉になっていきます。ですから「何に興味があるか」を探ることは、「何ができるか」、あるいは「できるようになる可能性があるか」を洗い出すことでもあるのです。

■興味を広げる具体的な方法

A「先生、でも、ウルトラマンとミニカーに続いて、特別に言うべきことが僕には見つかりません。今、興味をもっている人は誰だ？　と聞かれても……。本もあまり読まないし。あまりにものを知らないというか。やっぱり、そういうことがたくさんないと、就職もだめなんでしょうか」

小島「そんなことはないわよ。今、興味をもっていることが少なくても、これからいくらでも増やしていくことはできるんだから」

「興味は、新しい刺激や環境を求めて自分から行動することで、いくらでも増やせるんだよ」と私は、彼らを励ますのです。

たとえば、書店をのぞくときには、誰でも、自分の興味のある分野のコーナーしか見ないものです。四〇歳になったとき、私はこのままではいけない、と思いました。興味のあることしか知ろうとしないなら、いつまでも興味の幅が広がらない。自分の能力も伸びていかない。それなら、書店では、まったく興味のないジャンルの棚を眺めてみようと決めたのです。

そのときの私にとって、まったく興味のないジャンルは、「建築」でした。書店に行くたびに、建築関係の棚の前に立って、本の背表紙を眺めました。手に取る気にもならない本ばかりです。

ところが、ある日新聞で、建築家の安藤忠雄さんについての記事を読んだのです。名前だけは、しょっちゅう書店の棚で目に入っていた人でした。それが記憶の片隅にしまわれていたのでしょう。新聞記事の中から、その名前が飛び込んできたのです。そこには、東京大学の特別栄誉教授で世界的な建築家である安藤さんが「独学で建築を学んだ」ということが書かれていました。私の興味が動きました。書店へ行って「建築」の棚の前に立つと、「安藤忠雄」という名前が、今度は少しだけ知っていることとして親しげに見えました。その本を手に取ったのは言うまでもありません。

興味を広げる、というのはそういうことです。

まだ働いた経験のない人たちは、社会に対する関心が薄いものです。つまり、世の中についてもあまり知りません。興味のあるものや、興味のある人が少なくても、ある意味当然のことだといえるでしょう。そういう彼らに、「まず自分の興味があることを探して、それからどんな仕事をしたいのか考えよう」と言っても、A君のように興味の幅があまりに狭くて、途方に暮れてしまうだけです。

そんな人たちには、次のような方法を試してみて、とアドバイスします。

▼新聞で今まで読んだことのないページを読もう

そのとき、「新」という文字をキーワードに記事を読むと、世の中の動きが見えてきます。

▼他人の興味に関心をもとう

友人が、ある本を「面白い」と言ったら、聞き流さずに「どんなふうに？」と聞いてみる。

その説明に心が動いたら、それが興味の始まりです。

▼興味のないところに興味をもとう

私が書店で試みたように、今、自分の興味の対象がとても少ない、と自覚することです。少ない興味の中で、何かを選んだり決めたりしないほうがいいと思います。興味がなくても、誘われた映画に行ってみる。紹介された人に会ってみる。自分から、今までしたことのない行動をしてみる。一歩足を踏み入れてみることが大切なのです。「興味がないから」という決めつけはしないことです。

今、自分がもっている興味の範囲が狭いからといって嘆く必要はありません。人間は行動範囲を広げ、自分から動くことでいくらでも変われるのですから、たった今から、そうした努力を始めればいいのです。

小島「自分がどんなことに興味をもっている人間なのか、よく考えてみようよ。話はそこから始まるの。今、興味をもっていることが少なくても、がっかりしないで。自分から動いて少しでもセンサーに引っかかるものがあったら、自分で調べていけばいいんだもの。それから具体的に世の中にはどんな仕事があるのか、調べてみればいいのよ。自分はこういうものに興味がある、それに応える仕事にはどんなものがあるのか、じっくり探していけばいいの。自分のことをよく知るのが先よ」

■会社を探すより、仕事を探そう

数十社の入社試験を受けて、一つも内定をもらえなかったという人は、こうした手順を踏んで仕事探しをしたのでしょうか。私は、疑問に思います。

正社員への道が厳しいのは確かですが、今の若い人たちは自分のことを知る前に、そんな自分に合う仕事を探す前に、〈会社〉を探してしまうからです。

今の学生たちに、知っている会社を尋ねると、彼らのあげる名前はいわゆる有名企業ばかりです。それも、彼らの生活圏に入ってくる情報の中での有名企業に限られます。テレビドラマの舞台になった航空会社だったり、コンビニの棚に並んでいる商品を作っている会社だったりします。

逆に、基幹産業である、製造業や、商社、物流といった業界については、実際にどんな仕事をしているのかイメージがわかないのでしょう。日本を代表するような大企業であっても、なじみが薄いようです。ですから、学生たちがあげる会社の名前は、たちまちつきてしまいます。そうした限られた知識の中から、就職したい〈会社〉を探すことなどできるはずもありません。

考える順番が、逆なのです。会社を探してあたふたするのではなく、世の中にどんな仕事があるのかをまず探さなくてはいけない、と私は思います。そして、その前に、自分がどんなことに興味があるのかをじっくり考えなくてはなりません。会社の名前は最後にたどりつくものなのです。

新卒者の就職率が低くなってしまうのは、彼らがやみくもに会社の名前だけに飛びついて、実りのない就職活動をしているせいもあるのではないかと私は思っています。私たちは会社に入るのではなく、仕事をするのです。働くのです。

A君は、自分の興味の対象があまりにも少ないことに気づいて、いささかショックだったようです。自分について考えようとすれば、誰でもイヤな思いをします。こんなに底の浅い人間だったのかとがっかりしたり、何がしたいのかもわからないような生き方をしてきたのかと愕《がく》然《ぜん》とすることもあります。でもそこを通過せずに、いきなり仕事を選ぶことはできません。

自分についてじっくり考え、興味をもっていることが見つからないなら、少しずつ行動半径を広げ、好奇心を動かして、自分から新しい興味の対象を探していけばいいのです。

子どもの頃の興味、新しく見つけた興味。今わかっている部分だけが自分のすべてだと思わずに、自分の内面を見つめ、興味の範囲を広げる努力もしてみましょう。仕事探しはまず、そうした足場をしっかり固めてから。私はそう思います。

2 人目の相談

■この仕事は好きになれそうか

ある日、やってきたB君は就職活動を始めたばかりの大学生。いろいろな会社説明会へ行くうちに、自分がどんな仕事をしたいのか、よくわからなくなったと言います。

B「働くなら人と接する仕事がいい。それも誰かのためになる、人を助ける仕事ならやりがいを感じられるのではないかと考えて、福祉関係の仕事を中心に就職活動を始めたんです。でも、いろいろな会社の内容を知るようになると、そういう仕事が本当に好きなのかどうか、わからなくなってしまいました。悩んでしまって、今は就活も中断しているんですが、どういうふうに考えたらいいんでしょうか」

B君は、人を助ける仕事に興味があると思って、仕事探しを始めました。ところが、「人を助ける＝福祉」と直結させて仕事の実情を調べるうち、本当にそれが好きなのかどうか、疑問がわいてきた。つまり、興味のあることが必ずしも好きになれそうな仕事ではない、と思えてきたわけです。

仕事は、自分の興味そのものと直結させなくてもいい、と私は考えています。むしろ、その周辺から探したほうがいいのではないでしょうか。仕事を探すスタートの段階から間口を絞り込まず、世の中にはどんな仕事があるのだろうという気持ちで、幅広く探すべきだと思います。興味があることとそのものに限定するのではなく、それに関連した仕事にはどんなものがあるのか、と探していくのです。

こんな男性がいました。彼は、当時二四歳。大学を出てから二年間が経ち、改めて就職しようとしていました。彼は、その二年間、地方公務員の試験を受け、二度とも失敗していたのです。三年目になって、ついに公務員になる夢を諦《あきら》め、民間企業への就職に方向転換したところでした。

今、就職を目指す若者たちの間で公務員はたいへんな人気です。企業の経営環境が厳しく、大企業でも一〇年、二〇年先まで安泰とは言い切れない状況が、彼らを安定志向に走らせるのでしょう。けれども、公務員試験はそれほど簡単ではありません。公務員試験浪人がきっかけでニート状態になった人もかなりいるはずです。この公務員試験浪人の彼も、二年の空白期間を面接官にどう説明するかで困り果てていました。

「二年間どうして就職しなかったのか、と聞かれたら、どう答えるつもりなの？」

「公務員になろうとして試験を受けていたがダメだった、という答えではマズイですよね」

「そうね。公務員がダメだったからこの会社にきたのか、と思われるよね」

彼にはそこから先のアイディアがありません。

「じゃあ、キミは、どうして公務員になりたかったの？」

「親がすすめたんで」

「自分でなりたかったわけじゃないの？」

「違います。父親は自分が公務員なので、就職するなら安定した公務員がいちばんだと言って」

「それじゃ、キミが興味をもっていることとは別だったのね」

「僕は、ほんとは、野球がやりたかったんですけど」

彼は、小学校から大学まで野球を続け、野球選手としてやっていく夢をもっていたのです。

しかし、プロの選手になれるほどの実力はない、と高校生の時点で気づいていたと言います。

それでも、好きなのでやめる気にはなれなかったと言う彼。私は、尋ねました。

「野球選手でなくても、野球に関わる仕事ならあるはずよ。探してみたの？」

すると、考えてもみなかったという表情が、彼の顔に浮かびました。野球といえば、「野球選手」という仕事しか、彼には思いつかなかったのです。

それからの彼は、夢中で野球に関連する会社を探し始めました。スポーツ用品の会社、球団を経営する会社、野球カードを作る会社まで見つけてきました。そして、たどりついたのが、野球場の芝を管理する会社だったのです。

彼の親戚には、園芸農家がありました。叔父さんに当たる人が、地元のサッカー場の芝生を開発する仕事に一時関わったことがあり、彼も、その話を興味深く聞いたことがあったのを思い出しました。彼は、がぜんその会社に興味を抱き、果敢に電話をしました。そして、なんとか面接にまでこぎつけたのです。その面接で、彼は二年間の空白をどう説明したのでしょうか。こう、言ったのです。

「子どもの頃からずっと野球が好きで、自分でもプレイを続けてきました。でも、野球の選手にはなれないと自覚した時点で一度は野球の世界を離れ、ほかの仕事に就こうとしたのです。しかし、どうしても野球への思いが捨て切れず、遠回りはしましたが、自分が本当にやりたいのは野球に関わる仕事だとはっきりわかったので、迷わずこちらで働きたいと思いました」
彼は好感触を得て帰ってきました。たとえこの会社で採用されなくても、もう迷うことはないでしょう。本当に好きな野球に関連した仕事を探し、就職できるまで熱意をもって就職活動をしていくはずです。

彼の場合、最初に目指した公務員は、自分の興味から出発して探した仕事ではありませんでした。親にすすめられたから、そうしたのです。二年間よく頑張ったと思います。公務員になれなかったのは、もしかしたら、彼の熱意が足りなかったのかもしれません。なぜなら、自分の興味から探したのではない仕事と、自分の興味から探した仕事とでは、就職にかける熱意が違ってくるからです。

■好きなことを仕事にするとは？

B「そうか、人を助ける仕事、といっても、福祉関係とは限らないわけですね。もっと範囲を広げれば、違う仕事があるかもしれない。僕は、子どもの頃プラモデルを作るのが好きでしたから、何か物づくりで、人助けになるような仕事もいいかもしれません。そういう探し方でもいいんですよね。なんだか、好きなことなら真剣に探せそうです。『好きなことを仕事にしろ』

とよく言われているのは、そういうことだったんですね」

ちょっと待って、B君。「自分の興味があること、ひいては、好きなこと、よく知っていることの周辺から仕事を探そう」と私は言ってきました。でも、B君が言い出した「好きなことを仕事にしよう」というメッセージとは、ちょっと違った意味合いでのことなのです。

確かに、世の中には「好きなことを仕事にするのが望ましい」と評価する風潮があります。これから働こうとする人たちも、よく「好きなことを仕事にしたい」と口にします。

でも、そういうとき、人々が成功例として思い描いているのはどんな人たちかを考えてみてください。それは、いわゆる成功した有名人ではありませんか？

たとえば、シンガーソングライターや人気漫画家、スポーツ選手、IT長者といった人たちです。Tシャツとジーンズというラフな格好や高級ブランドのスーツ姿で登場して、事もなげに「好きなことを一生懸命やっていただけです。（それでこんなに成功してしまいました）」と話したりします。そうした、好きなことを仕事にして大金持ちになった成功例は、確かにかっこいいことです。そして、多くの若い人たちもそれに憧れて、「本当は○○になりたいんです」と、○○のところにアーティスト系のカタカナ職業などを当てはめて言うことが多くなります。

こんな女性に、出会ったことがあります。

三月に大学を卒業したものの就職活動を真剣にやらず、秋までアルバイトをしていた女性が就職セミナーにやってきました。彼女は、「イラストを描くことが好きで……。本当はイラストを仕事にしたいんです」と相談してきました。

「仕事にする、というのは、それで食べていくということ？」

「いえ、少しお金になればいいかな、というくらいで」

「でも、お金をもらうということになれば、少しも、たくさんも同じことよ。お金をもらうだけのレベルに達しているかどうかが、問題になるわけだから。その判断はしてもらったほうがいいわね。それで、自分のイラストを出版社に持ち込むなり、プロでやっている人に見てもらうなりしたことはあるの？」

「いえ、それはまだ……」

と言うなり、彼女は黙り込んでしまいました。

こういうやりとりは珍しくありません。彼女のような人にとって、イラストは自分の好きなことであると同時に、最後のよりどころになっているのです。

就職活動は、あまりうまくいかなかった。けれども、まだ自分には好きなイラストがある。

だからといって、彼女はそのイラストを持って出かけていき、人に評価してもらったり、仕事をもらおうとはしません。自分の世界から出ようとはしないのです。今の状態のままなんとかならないか、と思っているだけなのです。自分から売り込みに行って、このレベルでは職業としてやっていけない、と言われるのが怖いのです。結局、「自分の好きなことで、アーティスト系の仕事に就ければ」と口にする人のほとんどは、その夢を現実からの逃げ場にしていることが多いのです。

私は、好きなことを、そのまま仕事にするのは難しい、と思っています。

興味からスタートして好きなことが見つかり、現実にそれで食べていける仕事があった、としましょう。それが、イラストレーターやミュージシャン、声優、スタイリストやデザイナーといったアーティスト系の仕事であった場合、まず、プロとしてやっていけるかどうか、という才能の問題があります。才能があったとして、さらに認められるまで、果てしなく売り込み続ける根性も必要です。

首尾よくその仕事に就けたとしても、「好きなことを仕事にした人」と紹介される成功者になれるのは、ごく少数の人でしかありません。私がB君に、探してみるようにアドバイスをしている〈仕事〉は、こうしたものとはちょっと違ったニュアンスをもっています。

■仕事は、だんだん好きになるもの

私は、仕事とは、それをしていくうちに、だんだん好きになっていくものだと考えています。初めから好きなことでお金が稼げるのではなく、ある職業に就き、そこでいろいろな経験をし、自分自身が成長することで好きになっていくのが仕事だ、と思っているのです。

好きなこと――それは、していると時間が経つのを忘れるものです。没頭してしまうと、食事をしそこない、その日行かなければならなかった約束も忘れてしまいます。つまりそれは本来、報酬とは無縁のもの、趣味の領域にあるもの、ではないでしょうか。

ですから、私は「好きなことを仕事にしなさい」とは言いません。「自分が好きになれそうな仕事を探しなさい」と言うのです。

好きなことは、現実の裏打ちがなくても成り立ちます。しかし、仕事は、現実的で具体的なもので成り立っています。仕事中は、人と話をし、書類を作り、外出し、交渉し、利益を生み出すために自分に与えられた場所で、身体と頭を使います。そして、その評価として報酬を得ます。現実的で具体的なものですから、実際にやってみないとその実態はわかりません。

たとえば、先ほどのイラストを描くのが好きな女性が、イラストを描く仕事をもらったとしましょう。雑誌の読者ページの小さなイラストで、モノクロで一点。編集者との打ち合わせで、働く女性をイラスト化し、オフィス街を歩いているところを描くことになります。

本当はそんな絵ではなく、季節に合った景色の中で、本を読んでいる女性の絵が描きたくても、そうはいきません。背景のオフィス街の絵はあまり得意でなくても、編集者の気に入るように描かなければなりません。それが仕事、というものです。

このイラストレーターの卵は、もしかしたら編集者の意向に沿ったイラストを描くという仕事は好きではない、と思うようになるかもしれません。それより、自分はページを全部任されて、文字と写真やイラストをデザインして配置するレイアウト・デザインのほうが好きだ、と気づくかもしれません。仕事をしてみてわかる、というのはそういうことです。

単に感情的に好きだ、それをしていると時間も忘れるという「好き」と、仕事という制約の中で、自分が力をふるった充実感がもてる「好き」は、別物だということです。いってみれば前者は抽象であり、後者は具体の世界の話です。私が、「好きなことを仕事にする」のではなく「好きになれそうなことを仕事にする」と言うのは、そういうわけなのです。

3 人目の相談

■働くことは、非日常の世界にあるのではない

その日、私のところへやってきた女性Cさんは、就活を前にためらっていました。仕事の世界というのは、それまで自分が生きてきた世界とはまったくの別世界で、自分などとてもやっていけないのではないか、怖くてたまらない、と言うのです。

C「私は学生時代、家庭教師のアルバイトを短い期間しただけで、友人たちのように普通の会社や飲食店で、いろんな人を相手にもまれて働いたことがありません。勉強は比較的熱心にやったと思っていますが、そんな経験しかなくて、社会人として就職し、やっていけるのでしょうか。かといって、今さらシビアなアルバイトをしてみる時間もありませんし。私のような、仕事というものがまるでわかっていない経験が足りない人間でも、就職することはできるんでしょうか？」

確かに、これから就職しようとする人には、仕事をするということが、自分の日常生活とかけ離れたことのように思えても当然でしょう。けれども、仕事は日常生活の延長線上にあるものだと、私は思います。

私が、銀行員だった頃の話をしましょう。私が初めて就職したのは、大手銀行でした。新人時代を終え、希望していた窓口業務に就かせてもらったとき、自分なりに仕事に工夫を加えることができた〈仕事の基礎〉は、すべてそれまでの日常生活の中にありました。

銀行の窓口業務というのは、お客様に少しでも多くお金を預けていただくのが、目標の一つです。ですから、来店したお客様にはいつでも「三年後のために、定期預金をご準備なさいませんか」と声をかけるようになります。

私は、いつも同じような声かけではダメだと思いました。たとえば、月末に近い給料日前にそんなことを言われても、新たに預金をするのは難しいのではないでしょうか。月末に窓口へいらしたお客様には、食品包装用ラップなどをサービスしました。懐具合が寂しいときには、ただでもらえればそれだけでうれしい、という自分自身の経験があったからです。

お子さん連れのお客様には、貯金箱。その当時は、ある程度の金額を預金した場合しかサービスできなかったので、これは喜ばれました。それは、自分も子どもの頃、なかなかもらえない銀行の貯金箱がとても欲しかったことを覚えていたからです。

窓口にきたお客様にはすべて、定期預金口座を作るようにと声をかける。一定金額以上預金をしてくれたら食品包装用ラップや貯金箱を渡すというのは、マニュアルに書いてあることです。でも、雨降りの日に来店したお客様が、規定の金額を預金してくれたからといって、マニュアル通り、かさばるティッシュの大箱とカレンダーを差し上げたらどうでしょう。迷惑なだけです。雨の日に私が差し上げたのは、タオル。これも雨が降れば濡れる、濡れればタオルが欲しいという、ごく当たり前の経験からの判断でした。

仕事は、マニュアル通りにするだけのものではありません。自分自身の経験から、もっとよい方法はないかと工夫していいものなのです。初めのうちは、景品は決まり通りに配るようにと言っていた上司も、私の窓口を目指してやってくるお客様が増えるにつれ、何も言わなくなりました。そして、ボーナス時期になると、たくさんのお客様が私の窓口までやってきて、預金をしてくださったのです。

私が、「仕事は日常生活の延長線上にある」と考えるのは、自分のこうした体験に基づいています。日常生活の中でも、私たちはいろいろなことに気づき、工夫し、改善するということをしています。仕事もまた同じことです。周りをよく見て状況を判断し、自分の考えで工夫をし、もっといい方法がないかと改善していきます。働いた経験がなければ、仕事に生かせる経験がない、と考えるのは間違いです。

ただこれだけは言っておきましょう。経験は、しただけでは「経験」とは言えません。自分の感じたこと、考えたこと、工夫したことなどを、きちんと整理しておく必要があります。仕事の場で何か判断をしなくてはならないとき、材料となるのは、教えられたいわゆるマニュアルのほかには、自分の経験しかないのです。ですから、いざというとき、うまく役に立つ経験を引き出してこられるかどうかが重要になってきます。

■ゴミが気になる

日常の経験を仕事につなげる、ということでは、忘れられない人がいます。ニートの状態から抜け出して、正社員として就職した男性です。

彼は当時二七歳。大学を出てから、一度も働いたことがありませんでした。母方の実家が農家なので、忙しい時期に手伝いをすることはあったそうですが、アルバイトの経験もない、と言います。彼がいつまでも就職しないことに両親はいらだち、顔を見れば「どこでもいいから就職しなさい」と言うようになりました。彼は、それがイヤで、自分の部屋へ引きこもるようになります。食事時になると部屋から出てくる彼に、また両親は説教をするという繰り返しの日々。両親から背中を押されるように、ようやく就職セミナーに参加し、その日、改めて個人面接にやってきたのでした。

「僕も、働かなくてはいけないと思ってはいるのです。ただ大学時代は、就活がたいへんそうで尻込みしているうちに、時期が過ぎてしまいました。卒業してからも、なんとなく家にいて気がついたらここまできたという感じです。父親が来年定年退職になるので、今度こそなんとか就職してくれと言われまして。今からでもどうにかなるものでしょうか」

まるで他人事のような話しぶりです。彼は、体格もよく、話し方もきちんとしているのですが、なんとなく覇気がありません。自分から行動を起こす、ということを、あまりしてこなかったような印象を受けるのです。与えられる課題をこなしていればよかった学生時代が終わると、何をしていいかわからなくなり、就活も始める前に怖気《おじけ》づいてしまった。それでいて、両親も金銭的に苦しいわけでもないので、困ったと思いながらも衣食住の面倒を見続けてしまった……そういうことなのでしょう。まさに、典型的なニート状態です。

彼が消極的なのは、それまでの自分の生活経験が、就職活動では無価値だと思っているからでした。彼は本を読むのが好きで、その感想をノートに書き留めておくくらいしか好きなことがないと言います。行動するより観察するほうが性に合っている、とも言いました。働くということを、頭の中では理解しているつもりでも、いざ自分が働くとなると、仕事というものがどんなものなのかつかめない。まず、どう就活に取り組めばいいのか、入り口が見えずにいるようでした。

しかし話を聞いてみると、農業を営む祖父母のところで手伝いをしたとき、こんな経験をしたと言うのです。

「祖父母の家では、産直野菜の通販をやっていて、その詰め合わせや発送の手伝いをしたことがありました。そのとき、僕が野菜の組み合わせを間違えて送ってしまったんです。で、受け取った人から文句がきました。僕は電話で謝ってから、正しい組み合わせを送り直したんですが、サツマイモをおまけしました。申し訳ないですからね」

「ねえ！　それは、会社でいう『クレーム処理』という仕事よ。ちゃんと、そのまま仕事につながる経験をしてるじゃない！」

聞いていた彼も、少しだけわかったような表情になりました。働いたことがなく、二七歳まで就職活動をしようという気にもならなかった彼には、仕事ははるか遠い世界のことだったはずです。でも、もしかしたら、これまでの生活で経験したことを生かせる場なのかもしれない、と思い始めたようでした。

この彼は、その後、会社説明会や合同説明会に何度も通い、家からも近いある不動産会社に興味を抱き、面接を受けに行きました。その席で、最後に面接官から聞かれたそうです。

「うちの会社や、仕事について、何かキミの感想はありますか？」

彼は、こう答えました。

「はい。今日この面接にうかがうのに、駅から御社まで歩いてきました。その途中に御社のウィークリー・マンションが何軒かあって、見せていただいたのですが、何ヶ所かゴミの集積場が汚れたままになっているマンションがあって、それが少し気になりました」

すると、面接官は身を乗り出して、こう言ったそうです。

「キミ、よくそういうところに気がついたね。あれは会社のほうでも、なんとかしなければ、と懸案になっていたのだよ」

彼は、この会社に就職が決まりました。彼の日常生活の中にあった、細かく観察する習慣や、気づいたこと、感じたことを整理しておく経験が生きたのです。彼の例もまた、仕事とは日常生活の経験の延長線上にあるものだ、ということの証明になると思います。

C「仕事というのは、日常の経験を生かしていくものなんですね。私の毎日の経験も、いい加減にしておいてはいけない、という気がしてきました。自分の足元を固めてから、ということなんですね。少し勇気がもてたような気がします」

好転が報じられているとはいえ、現代の就職状況は本当にシビアです。短い就活期間で、首尾よく希望の会社に就職できる人は、ほんの一握りに過ぎません。けれども、私は、くじけず正社員としての就職を目指してほしいと思います。仕事は人を育ててくれます。そのためには、最初に入る会社は、自分でよく考えて探し、選んでほしいのです。最初にしなくてはならないのは、まず自分を知ること。それから、自分が好きになれそうな〈仕事〉を探します。そんな仕事ができる〈会社〉を探すのは、いちばん最後です。この順番を忘れないでください。

これから就活を始める人は、長く辛い日々になると覚悟をしましょう。けれども、自分が何に興味があるかを考えることから出発して、自分で探し出した好きになれそうな仕事に就くためなら、その辛さはきっと乗り越えられるはずです。

コラム

親は子どもの〈就活〉とどう向き合えばいいのか？

■親は、いちばんの応援団になれる

ここで、ちょっと親御さんに向けての話をしておきましょう。

子どもが学生生活を終えていよいよ就職、というところへたどりつくと、親は「やれやれ、これで子育ても終わった」と思うものです。就職活動は大人への入り口なのだから、もう親の出番はない。手を貸したりするのは過保護な親のすることだ。そんなふうに考える人が多いのではないでしょうか？　これまでなら、それは正論でした。でも今は違います。親御さんにも充分出番はあるのです。まず、かつて就職したことがある親世代の人は、自分たちの頃と現在の就職状況がまったく違っていることを知らなくてはなりません。

大きな違いは二つあります。一つは、長く続いた不況のために採用人員が減っていること。もう一つは、企業が人材育成にかける時間を惜しんで、最初から社会人として〈ある程度仕上がっている人材〉を求めていることです。親世代が新入社員だった頃であれば、半人前で採用されても、その後の新人教育が、社会人として会社で働く人として一人前にしてくれていました。今そういったシステムはもう存在しないと思ってください。採用する人数が少ないうえに、社会人として即戦力になる人材を採用しようとしている。これが今の就職の現実です。

子どもたちはもちろんのこと、親もこの現実を受け入れなくてはなりません。現実がそうである以上、批判しても始まらないのです。子どもたちはもう、就職活動の荒海に乗り出しています。親のほうも、そんな彼らが置かれている厳しい状況を受け入れ、理解しましょう。まず大切なのは、「わからないから」という理由で逃げないことです。

「お母さんには、昔と違いすぎて今の就職事情はわからないわ。あなたの好きにしなさい」

「もう大人なんだから、自分で決めなさい」

よく口にしてしまいがちな、こうした言い方は子どもの自由を尊重しているように見えても、親の逃げ口上だと思います。苦しんでいる子どものいちばんの応援団になれるのは、家族しかいないのです。まず逃げずにいっしょに受け止めてあげましょう。

■社会人の先輩として

多くの子どもにとって、就職はそれまでの人生で最大の自己決断です。学生でいる間は、どこの学校へ行くか、どんな進路へ進むかは、ある程度偏差値のような客観的な条件で決めることができました。就職はそういうわけにいきません。自分と向き合い、自分がもっている資質や、生活経験、育った環境などもよく考えて自分で選択し、決めなくてはならないのです。これは社会人になるために、どうしても乗り越えなくてはならない試練だともいえるでしょう。

就職状況ということだけ見れば、今の厳しさは親にとっても未知のものですが、社会人として巣立つための自己決断なら、誰でも経験してきたはずです。その先輩として親にもできることはたくさんあります。順に説明していきましょう。

▼混乱した子どもの状態を整理する手助けをする

子どもが迷っていたら、頭の中を整理する手伝いをしてあげましょう。

「その仕事のどこが自分に合うと思ったの？」

「その会社のどこが魅力だったの？」

「どんなことなら好きになれそう？」

批判するのではなく、客観的な問いかけをすることで、子どもはもう一度基本に戻って自分のスタート地点を確認することができます。

決して言ってはいけない言葉は、「早く決めなさい」です。就職は子どもにとって、それまでの人生で最大の自己決断なのだ、ということをお忘れなく。

▼〈情報と事実は違う〉ということを教える

インターネット、これも親世代が就職した頃にはありませんでした。今、就職についてはたいへんな量の情報がこのネットで流れています。社員を募集している会社の情報、就職の先輩たちの経験談、あれこれ見たり聞いたりするだけで、すっかりわかったような気になってしまいます。けれども、そんなに手軽に手に入る情報に本当に貴重なものはない、ということを親世代は経験から知っているはずです。

また、公のメディアにわざわざマイナス面の情報は載せないものです。情報がそのまま事実ではない、ということも大人である親が教える必要があります。

ある会社について知りたいなら、実際にそこへ行って話を聞く、自分の目で見る、そこで働いている人に会う、そうして得たものが本物の情報になるのです。さらに自分自身というフィルターを通して初めて情報は事実になります。

「インターネットの情報だけで判断してはいけないよ。自分で行動して、じかに調べて話を聞いて、きちんとした事実を知ったうえで判断しなさい」

とアドバイスしてあげましょう。

特定の業種や会社についてよく知っているからといって、親が情報を与えるのも考えものです。それはあくまで、親というフィルターを通した情報だからです。自分で行動して集めた情報だけが、事実を知るうえで役に立つ。これを念頭に置いて、「それについて知りたければ、こういう情報の集め方があるよ」とアドバイスをするだけにとどめたほうが、子どものためになるのです。

▼子どもを生活者として自立させる

〈ある程度仕上がっている人材〉が求められている、と前述しました。この〈仕上がっている〉という言葉が意味しているのは、会社に入った次の日から、経理の業務がこなせたり、パソコンが自在に扱えたりするということではありません。

仕事をするうえで求められる資質はなんでしょう？　それは、何もないところから工夫して何かを生み出せる力だ、と私は思います。ゼロから何かを生み出す工夫というのは、日々の暮らしの中で、大人なら当たり前のようにしていることです。一日の仕事の段取りをする。次の目標のために、お金のやりくりの計画を立てる。料理一つ作るにも人は工夫をします。それができるのが、〈生活者〉です。

一人暮らしでもしない限り、現代の子どもたちは、生活者としてなかなか自立できないのが一般的です。本当は、就職の時期を迎えてからすることではありませんが、世の中へ出て働くために、生活を実践させることが大切なのです。

「お宅のお子さんは、皆さんが出かけている日には、夜になったら門灯をつけ、雨戸を閉めたり、カーテンを引いたりしてくれますか？　帰宅する家族のために、風呂をわかし、夕飯の支度をして待っていてくれますか？　母親が風邪で倒れたときには、消化のよさを考えて、おかゆを炊いたり、ビタミンが必要だと判断して、果物を買いに行く……。こういったことが自然とできる娘さん、息子さんでしょうか？」

親御さんたちに、就職問題についてお話をする機会があると、私はこんな問いかけをします。生活者として、人を思いやり、工夫をして必要なものを作り出す。こういったことを、子どもたちができるようにするのも、親の心がけ次第だと思います。一人暮らしだから、親と同居しているから、といった環境の違いは関係ありません。

■あくまでも温かく見守る

子どもが直面している厳しい就職事情を受け入れ、社会人、生活者の先輩としてアドバイスをする。これが親のとるべきスタンスだと、私は思います。そして決して批判するのではなく、温かく見守る立場をとります。

▼子どもの選択を、頭ごなしに否定しない

子どもたちは、就職という人生の大きな転機に、自分なりに考え、探し、選ぼうとしているのです。その選択をまずは尊重しましょう。就職に対する親の希望には、ややもすると、見栄が含まれてくるものです。子どもがスポーツの大会で優勝した、子どもが有名な学校に合格した、そうしたことを自分自身の成功体験の代わりに自慢したくなる親の気持ちは、私にもわかります。「いい会社に入る」、これも同じです。

子どものほうでも、心のどこかで「いい会社に入ると親が満足してくれる」と感じています。

子どもは誰でも、無意識のうちに親を喜ばせたいものだからです。

しかし、現代の就職状況の厳しさは格別です。また就職は、子どもたちが一人の人間として下す、初めての大きな決断でもあります。その中で、彼らも一度は有名企業・大手企業への「わかりやすい就職」を望んだこともあったでしょう。けれども、就職状況の現実や自分自身について考えた結果として、自分なりの就職活動を始めたのです。そうした経緯があることを、親は忘れてはいけないと思います。

ですから、「こういう理由で仕事を探して、こういう会社を見つけたから試験を受けてみようと思う」という子どもに向けて、「もっといい会社はないの」などと決して言うべきではありません。

▼就活真っ最中は、結果を聞かない。状況と感情を聞く

就職活動は、子どもにとって、まさに不条理な体験です。働いてもみないうちに、自分に適した仕事を探せと言われ、働いたことがなくても、この会社に入ったら何ができるかという質問に答えなくてはなりません。けれども彼らは、それを乗り越えなければ働くことができないことをわかっています。不条理には違いないけれども、そういう体験をするのも自分を成長させる糧になると、どこかで理解し納得して頑張っているのです。

そうした活動で心身共にぐったりして帰宅したところへ、いきなり「今日はどうだった？」と聞かれたらどうでしょう。今日はどうだったのか？　結果は、子どもの顔を見ればわかることです。代わりに「疲れたでしょう」「お腹がすいたでしょう」と言ってあげてください。「お風呂もわいてるわよ」と声をかけてあげましょう。

親のほうからは、子どもの行動に対するねぎらいの気持ちを表すだけで充分です。彼らが自分から話さない限り、問い詰めるのは、子どもたちを傷つけることにしかなりません。

試験に落ちるのはイヤなものです。まして就職活動は、学力や運動能力といったその人の能力の一部ではなく、性格や資質といった、いわば人間として丸ごとの力を試されるように思えるものです。ですから、失敗すると、自分という人間のすべてが否定されたように感じてしまいがちです。実際は、その会社だけに通用するふるいにかけられ、そしてその基準に合わなかっただけなのです。

そういうときこそ、親が「あなたは人間として否定されたわけではない」と、はっきり言ってあげましょう。

「落ちたのは、あなたの力が足りなかったからじゃない。あなたのどこかが悪かったわけでもない。あの会社とは、相性がよくなかっただけ。あなたのよさが生きる会社は、必ずあるから」

こういった言葉こそが、子どもたちへの励ましになるのです。

そして、希望した業界で、どうしても就職が決まらず、すっかり自信をなくして「もう就職活動をやめたい」と子どもが言い出した——そんなときこそ、親の出番です。もう一度、客観的に考え直す手助けをしてあげましょう。

「その業界でなくても、周辺に別の仕事があるんじゃない？」

ハウジング・メーカーに絞り込んでいた息子（娘）が行き詰まっていたら、「家の中には家具もあるよ。インテリアのメーカーはどうだろう？　家には庭もある。造園業の会社も面白いかもしれないよ」と、視野が狭くなっている子どもの考え方を、客観的な立場で広げてあげることです。

就職は、大人になるための通過儀礼であり、過酷な経験でもあるのです。そんな就職活動の中で苦しむ子どもに、親がしてやれることは少なくありません。人生の先輩として、どうぞ温かい手助けをしてあげてください。

第二章

働き続けるために必要なこと

■フリーターは全国で約二一三万人

就職することが難しくなっている、という入り口の問題のほかに、最近はもう一つ、働き続けられない人が増えている、という問題がよく取り上げられます。

これが〈七・五・三問題〉と呼ばれるものです。若い人たちに中途退職者が多いという実態を指す言葉です。具体的には、中学卒業で就職した人の七割、高校卒業者の五割、大学卒業者の三割が、いずれも三年以内に就職先をやめてしまうというところからきています。三年以内とはいうものの、最も多いのは一年以内にやめるケースです。

中学卒業で就職した人、というのは、高校進学率が現在九割を超えていることを考えると、そのほとんどが高校中退者と見ていいでしょう。新卒で就職した人たちのうちかなりの人数が、一年も続かずに仕事をやめているのです。中には転職する人や、そのまま働かない状態になってしまう人もいますが、そのほとんどは（正社員ではなく）、アルバイトやパートとして働き続けることが多いようです。つまり、フリーターになってしまうのです。

「フリーター」という言葉がよく聞かれるようになったのは、ここ一〇年ほどのことです。平成一七年版の労働経済白書によれば、全国のフリーターは二〇〇四年に約二一三万人。

働いているのだから、フリーターでもいいじゃないか、と思う人もいるかもしれません。確かに、〝ニートの状態で家に引きこもっていた人が、外へ出られるようになった。まずは働くことに慣れるところから始めよう〟という場合は、アルバイトでも働ければいい、と私も思います。でも、そうした事情が特にない新卒者の場合、私はいつまでもフリーターでいるのはよくないと思っています。

それは、私がこれまで、正社員になりたいと願って就職活動をするフリーターの人たちをずっと支援してきた中で、その実情を見てきたからです。

賃金を見ても、フルタイムのアルバイトの場合、平均年収は一三〇万～一四〇万円といわれています。また厚生労働省の賃金構造基本統計調査（平成一六年版）をもとにした試算によると、一五～三四歳のフリーターの平均年収は約一〇九万円、それに対し正社員は約三八〇万円で、約三・五倍になるとされています。加えて、アルバイトの賃金が長く働いてもほとんどアップしない現実を考えると、この格差は開いていくばかりなのです。ですから彼らは、なかなか自立して生活することができません。与えられる仕事も決まり切った補助的な作業で、何年働いても働き手として成熟できないことのほうが多いのです。私が就職活動の支援をしたフリーターたちの多くは、こう言っていました。「若いうちに頑張って正社員になっておけばよかった。アルバイトではいつか、あとから入ってきた年下の正社員に追い越される」と。

ですから私は、これから就職する人にいつも、なるべく正社員として就職し、転職するとしても、なるべく正社員として働き続けなさい、と言うのです。また、企業に対しても正社員の採用枠を広げてほしいと言い続けています。

■正社員の意味

最近では、企業は皆、経営の中枢を担う部分は正社員、周辺の単純作業はアルバイトやパート、というシビアな雇用形態をとるようになっています。

一方、仕事というのは、一定のプログラムに沿って手順や方法を覚え、ステップを踏んでいって初めて、その面白さがわかるものです。スタート時点では、正社員も、アルバイトやパートとやっていることは変わらないかもしれません。ですが、正社員はだんだんと仕事を任されるようになるので、アルバイトで働いたのではわからない仕事の面白さを知るようになると、私は思っています。

また仕事は、大きな責任を伴うものほど、やりがいがあります。自分で判断し、決断する範囲が広がれば責任は大きくなりますが、その分、やり遂げたときの充実感も大きいものです。

こうした仕事も、正社員でなければなかなか回ってきません。

そして案外大切なのは、正社員で会社に入れば新人教育がある、ということです。私たち親世代が就職した頃とは違い、半年もかけるような丁寧な新人教育をしてくれる会社は少なくなっていますが、それでも社会人として欠けている部分、仕事というものへの取り組み方など、基本的なことをたたき込んでくれる新人教育は、その人の「働く人」としての基礎を作ってくれると私は思っているのです。契約社員やアルバイトといった、いつかはいなくなるかもしれない新人に対しては、先輩や上司は、長期的な視点から「育てよう」という親身の指導をしてくれない場合もあるでしょう。

自分の夢を追いかけるために、今は時間が自由になるほうがいい、と自らアルバイトを選択する人もいます。その時点ではそれでいいと思えても、近い将来、(夢とは別の)実際の仕事に楽しさを感じたり、もっとやってみたいと欲が出る可能性もあることを、考えに入れておいてください。そのとき、「正社員じゃないから、あなたには任せられない」と言われてしまうのは残念だと思いませんか?

もちろん、正社員ではなく、契約社員やパート社員でもよいケースはあります。たとえば就職活動で傷ついて、すぐには動く気になれないという人が、社会勉強のつもりで契約社員になるという場合。あるいは、自分に合った仕事に出会ったが、正社員採用がなく、とりあえず契約社員として働き始めるといったような場合です。

特に、どうしても入りたい会社を見つけたけれど、現在は正社員としての採用がないという場合には、私は「契約社員でもいいから入りなさい」とすすめます。どんな待遇であれ、本当にやりたいと思った仕事や、入りたい会社に入るチャンスがあるならやってみるべきです。そこで積んだ経験は決して無駄になりません。

その後、現場で正社員になる機会もあるかもしれませんし、働いていくうちに待遇に不満が出てきたら、そこで培った経験を、ほかの場所やほかの会社で生かす、という選択もできると思います。大切なのは、働く人間としての自分のキャリアをどう作っていくかという展望をもち続けることなのです。

私自身、働き続けることで仕事の面白さを知り、自分が仕事を通じて成長するのを実感してきました。ですから自分に合った仕事を見つけ、就職することができたら、長く働き続けてほしい。そして、私が味わったような面白さ、充実感を体験してほしいと思うのです。そのためには、なるべく正社員での就職を目指すべきです。

4 人目の相談

■社会には守るべきルールとマナーがある

ある日、私のところへやってきた女性Dさんは、短大を出てから就職せずアルバイトを続けていました。そのアルバイトも思ったようにうまくいかず、やめてはまた新しく探すことの繰り返しで、この二年で勤め先を三ヶ所も替わったと言います。

D「今年はもう二三歳になるので、そろそろ正社員になって、ちゃんと働こうかと思うんです。親もそうしたほうがいいと言いますし。でもこれまでのアルバイト先では、どうも人間関係がうまくいかないっていうか、仕事をするときに、周りの人とどうつきあえばいいのかよくわからなくて……。社員の人に怒られたり、自分でもイヤになったりして、結局やめることになってしまう、その繰り返しでした。こんなことでは、会社に入っても同じように人間関係で失敗するんじゃないかと心配なんです」

彼女、Dさんは二二歳。化粧はやや濃いめの印象で、長く伸ばしてマニキュアを塗った爪の親指だけに、きれいなネールアートが施してありました。ミュールの細い踵《かかと》でカッカッと高い音をたてて部屋に入ってきましたが、アルバイトでさえこんなにうまくいかなくては正社員として働くことなど無理なのではないか、としょげかえっている様子は、幼い女の子のようにも見えました。

Dさんの話によれば、二年間に三ヶ所のアルバイトといっても、どれも二ヶ月ほどしか続かなかったのだとか。人間関係というより、仕事をする場で自分がどう振る舞えばいいか、それがまずわかっていなかったようです。社員に怒られてイヤになった原因というのも、「友だちが店にきてくれたので、ちょっとしゃべっていたら怒られた」と言うのです。

小島「そのしゃべっていた時間は、立ち話程度だったの？」

D「いや、次の休みの打ち合わせとかあったんで。けっこう長くしゃべっていたかもしれません」

小島「ほかには？」

D「遅刻とか。でも遅れるって連絡をしようとしたんですけど、携帯を充電し忘れてできなかったんです。あとは、社員の人あての電話を取って伝言を頼まれたんですけど、メモをちゃんととらなかったので忘れてしまって。それがかなり大事な話だったらしくて、もう一度電話がかかってきたときに、何も通じてないってばれたこともありました」

彼女の話を聞いていて、私は自分が新入社員だった頃を思い出しました。

私が最初に就職したのは、銀行です。休みのたびに海に遊びに行っていた当時の私は、髪は脱色したような茶色、顔は日焼けで真っ黒でした。その姿で、入社式に真っ白なスーツを着て行ったのです。紺や黒のスーツで埋まった会場で、私はかなり目立っていたようです。内心「しまった」とは思いましたが、あとで入社式にそぐわない姿の新入社員がいたと上司の間で噂になったと聞いたとき、「ああ、私のそばにいた、三つ編みの、お化粧もせずにいた女の子だわ」と思ったのですから、我ながらあきれたものです。それくらい、私は世の中の常識を知らないまま、会社で働き始めてしまったのです。

こんなこともありました。週末友だちと海へ行き、週明けに旅先からそのまま出社したときです。私はいつものように日に焼けた顔で、Tシャツにジーンズ、それに素足にビーチサンダルという姿で通用門を入ろうとしていました。するとそこで、大先輩に呼び止められたのです。

「あなた、その格好で駅からここまできたの？」

「そうです、けど」

「ここまでの間に、どれだけこの銀行のお客様のお店や会社があったと思うの？　そんな格好で仕事にくるような社員のいる銀行を、信用する気になれる人がいると思う？　そのまま入れるわけにはいかない。着替えていらっしゃい」

信用という言葉は、胸に突き刺さりました。私は私に変わりはなくても、仕事の場になれば、外部の人は、私をその会社の人間として見るわけです。甘かったと思いました。

社会に出て働いたことのない人は、仕事さえできればどんな格好をしていようが構わないのではないか、と考えるものです。しかし実際には、仕事場にはそれにふさわしいきちんとした服装が求められますし、化粧も髪型も派手にならない程度に整えていなくてはなりません。それは、仕事の場が〈オフィシャル・スペース〉だからです。

プライベートの場面なら、パジャマでいようがノーメークで髪を振り乱していようが、自由です。ですが、いったん仕事の場に、そこに属して働く人間として出たら、その人はもう一個人というだけではありません。その仕事場の、その会社の人間でもあるのです。海が好きな小島貴子というだけでは、銀行員・小島貴子として通用しないということです。オフィシャルという言葉には「正式の」「公式の」という意味と同時に「仕事の」「職務の」という意味があると考えてください。仕事の場に一歩入ったら、個人としての自分とは、心身共にきちんと分ける必要があるということです。

また、人がたくさん集まる場では、周囲に不快感を与え、迷惑をかけることは避けなくてはなりません。それが、見知らぬ人に対する最低限の礼儀だからです。電車の中で化粧をしたり、おにぎりを食べたりということは、そこが〈パブリック・スペース〉だから本来はしてはいけないのです。化粧は家の鏡の前でするものですし、電車の中は家のダイニングではありません。パブリック・スペースというのは、社会全体を意味する「公共の場」といえばいいでしょうか。もちろん会社もその中に含まれます。

プライベートな場ですべきことと、公共の場でしていいことをきちんと分ける、これも大人の振る舞いとして大切なことです。

今の若者は、そのことをきちんと大人たちから教えられずにきてしまっているようです。また、大人の側もそうした若者のけじめのない振る舞いに眉をひそめても、あえて「ここは家ではないのよ。迷惑よ」と、教えようとしません。余計な注意をしてトラブルに巻き込まれるのを恐れているのかもしれませんが、大人の社会には、パブリック・スペースとプライベートな場をきちんと分けるという常識がある、と言い切る自信をもっていないようにも見えます。なぜそうしてはいけないのか、と若者たちから聞かれたとき、「それが大人の社会というものだから」「みっともないから」という答えでは、根拠が弱いと思うのでしょうか。

■「どうしてそうするの？」と聞いてみる

そういえば、高校生の息子と出かけたとき、改めてこの問題を考えさせられた経験があります。思春期の息子は、母親である私と出かけるのをいやがりました。その日も、電車に乗り込むのに、息子は私とは別のドアを選びました。車内で彼のほうを見ると、最近の若者がよくするように力なく床にしゃがんでいます。私が嫌いな態度です。

私はすぐさま歩み寄ると、ぽんと頭を叩《たた》いて「立ちなさい」と言いました。そのとき、車両の中の空気が凍りついたのがわかりました。周囲の人は、お節介なおばさんが知らない若者を注意している。あんな身体の大きな学生に何かされたらどうするんだ、と思ったのでしょう。

雰囲気を察した私は、続けて言いました。

「お母さん、そういうのは好きじゃないから」

ああ、そうだったのか、という安堵《あんど》のため息が聞こえてくるようでした。

理屈ではなく、社会に出たら、それなりの振る舞い方があるということを、大人の側が教えなくてはいけない。それを家庭で親から教わってこなかった若者がいるなら、社会に出てその子どもと関わりをもった大人が教えてあげなくてはならない、と私は思います。

もちろん、たまたま同じ電車に乗り合わせただけの見ず知らずの少年が、べったりと床に座っているのを見て注意するのは難しいことです。私自身、そこまでの勇気はありません。ただ、心の中で眉をひそめるだけでなく、せめて「なぜあんなふうに振る舞うのか？」と考える姿勢はもっていたいと思います。自分の周りに同じ世代の若者がいるのなら、「どうして床に座るの？　おかしいと思わないの？」「電車の中で化粧をすると、どんな気分なの？」と聞いてみるといいと思います。そうすれば、聞かれた若者は（そのとき自分ではやっていなかったとしても）、それが大人にとって違和感のある行為であることを認識できるからです。

大切なのは、彼らを理解できない存在、と切り捨てるのではなく、理解しようとしてお互いの距離を縮めていくことだと思います。そういう姿勢さえもっていれば、そうした若い人たちと関わり合ったとき、ためらわずに大人の約束事を教えることができるでしょう。

すべての大人がそんなふうにしていけば、同僚や部下として彼らが会社に入ったときに、彼らはもう大人になっているはずです。周囲の人たちが、大人としての振る舞い方を一から教えなくてはいけないのか、と頭を抱えなくてもすむのです。

■知らない人に礼儀正しく

働くということは、第一に社会人として世の中に出るということです。そこは完全にパブリック・スペースです。プライベートな場と、はっきりした区別をつけられない人に仕事ができるはずがないのです。

そしてパブリック・スペースであり、さらにオフィシャルな場である会社には、守るべき多くのマナーがあります。それは、原則として社会人であれば守るべきものですが、基本にあるのは「知らない人に対して礼儀正しく振る舞う」という姿勢だといえるでしょう。

街を一人で歩いていれば、周りは皆知らない人です。たまたまエレベーターに乗り合わせた人も皆知らない人です。そんなとき、「失礼します」「お先にどうぞ」「よろしいですか」「ごめんなさい」と言葉にすることが礼儀の基本、マナーの第一歩だと私は思っています。知らない人だからこそ、黙って無視するのではなく、そこにいると気づいていますよ、と言葉にして伝えるのです。

会社で守るべきマナーは数多くありますが、代表的なものをあげれば次のようなものになるでしょう。気づいていない若い人たちのために、書いておきますね。

- 清潔できちんとした身なりと服装をする
- 自分から先にちゃんとした挨拶をする
- 私用電話は慎む。携帯電話は切る
- 遅刻はしない
- 事情があって約束の時間が守れないときは、必ず連絡を入れる
- 共用の備品は丁寧に使う。社用の事務用品を私物化しない
- 休暇は周りの人と調整して取る
- 上司だけでなく、同僚とでも敬語で丁寧に話す
- 席を立つときは、行き先や用件、所要時間などを上司や同僚に告げていく
- 周りの人に不快感を与えるような表情、態度はしない

こうしたマナーを守ろうというのが、会社というパブリックでオフィシャルな場でのルール、

決まり事なのです。

マナーというと、応接室で誰が上座で誰が下座に座るかや、お茶のいれ方といった単なる作法やエチケットを考えがちです。私がここで言うのは、会社を含めた大人の社会のルールを守るためにどうするかという、もっと守備範囲の広いマナー、ヒューマン・マナーとでもいうべきものなのです。

■人間関係でも、けじめがいる

大人としてのマナーを守るためには、もう一つ心がけておくべき大切なことがあると思います。それは、「人間関係でも、けじめをつける」ということです。

パブリック・スペースはもちろん、中でもオフィシャルである〈働く場〉には、守るべきマナーがあります。それを守るためには、プライベートとは別だというはっきりした意識をもって、人間関係にもけじめをつけられなくてはいけません。

もう少し、私の若い頃の話をしましょう。

とんでもない新入社員だった私を指導してくれた教育係は、二年先輩の女性社員でした。私は彼女に徹底的に鍛えられたのですが、その厳しい新人教育は入社してから半年間、一〇月一日に正式辞令が出る日まで続きました。研修期間中、私の、いわば〈メンター〉（指導者、助言者。仕事上の頼れる相談相手）であったその先輩は、一度も昼食をいっしょにとってくれませんでした。社員食堂で周りを見回すと、ほかの新入社員は、皆先輩と楽しそうに食事をしています。私は、うらやましくてなりませんでした。

ところが、一〇月一日、ようやく辞令をもらったので、その先輩に挨拶に行ったときのことです。

「本当にありがとうございました」と言う私を、先輩は「ここまでよく頑張ったわね。お昼を食べに行こう」と外へ誘ってくれたのです。

それまでは、事務的に「ここで、昼食に行ってください」と言っていた人が、です。私は驚きました。食堂でも、「昨日のテレビ、見た？」「新しくできたお店に行った？」と、いろいろ話しかけてきます。食事が終わると、「ほんとはルール違反だけど、お茶飲みに行こうか？」と、お茶にまで誘ってくれました。驚きが次第に不安に変わっていったときに、先輩がこう言ったのです。

「昨日まで私たちは、〈教育担当と新人〉という関係だったけど、今日からは同じ立場よ」

仕事の場で求められるのは、こうしたけじめだと思います。それまで、先輩は教育担当として線引きをしたうえで、あえて厳しく接していたのです。それは、いわばオフィシャルな関係でした。けれども教育期間が終わり、私が正社員として正式に採用された時点で、彼女は私と同僚としてつきあうことにしたのです。教育期間中に同僚として仲よくつきあってしまったら、先輩はあれほど私をきちんと教育することはできなかったでしょう。同僚になれば、いっしょに一つの仕事に取り組むのですから、親しくつきあう必要も出てきます。それまでは仲よくしない、と先輩はけじめをつけていたのです。

■社会人としての気遣い

仕事の場では、それぞれの人に与えられた立場というものがあります。それは役職だったり、担当の仕事だったりします。働く人たちは皆、そのオフィシャルな立場をきちんと守りながら仕事をうまくやり遂げようとしているのです。社会人の先輩たちにとっては当たり前のことですが、会社は友だちを作るために行く場所ではありません。目的は、仕事をして会社の業績を作り出すことです。けじめのない人間関係をそこに持ち込んだら、マナーもルールも崩れてしまうのです。

マナーを守る。そのために人間関係にけじめをつける——これは、社会に出て働く大人として、身につけておかなくてはならない基本的なことです。それでも、若い人たちにとっては、なかなかできにくく気を遣うことなのかもしれません。

最近の若い人たちには、働く以前の問題として、社会人としての気遣いができない人が増えています。それは、子どもの頃から、そうした経験を積んでいないせいでしょう。

私の二人の息子が小さかった頃、友だちの家へ遊びに行きご飯をご馳走になって帰ってくると、「よその家でご飯を食べるのは、気を遣うから疲れる」と言っていたのを思い出します。鍋物を出されても、それが自分の家なら好きなものからどんどん食べるけれど、よその家だと肉をいつ食べるか、次はネギにすればいいか、そんなことさえ気を遣ってしまうというのです。笑ってしまうような話ですが、そういう体験すらしたことのないまま、大きくなってしまった人たちが多いのではないでしょうか。

そう、世の中に出るということは、始終、気を遣うようになる、ということなのです。会社へ行く前に、この服装で周りの人に不快感を与えないか、気を遣う。仕事場に友人がきたとき、プライベートな話をしたいけれども、それがその場にふさわしいかどうか、気を遣う。上司にあてかかってきた電話の用件を、きちんと伝えられるか、気を遣う。

相談にやってきたDさんのように、気を遣わずに失敗をしてしまい、それを注意されることが苦痛だというのなら、仕事をすることもできないでしょう。私は、彼女にも自分が社会人としての常識をどんなふうに教えてもらったかを話しました。

■周りの大人も、教えることを恐れない

時代が変わり、新入社員に社会人としてのマナーやけじめについてまで教えるような、厳しい教育係は少なくなりました。新入社員に「熱血」や「ひたむき」が人気薄であるように、先輩社員にもそうした熱意は薄れているようです。

これは、おそらく愛社精神が希薄になっていることと無関係ではないでしょう。自分の仕事に熱心になり、愛情をもてば、それは自然に愛社精神へとつながるはずです。経営環境が厳しい時代になり、自分の仕事がいつまであるかさえわからないときに、愛社精神をもつのは確かに難しいのかもしれません。

それでも、新人を迎える側の先輩たちには、海帰りの格好で出社した私に「会社の信用に関わるから、きちんとした服装に着替えて出直しなさい」と言った先輩のような、熱意をもってほしいと思います。「近頃の若い人は、何を考えているのかわからない」と突き放すのではなく、「社会人としての基本的なマナーがわからないなら、今から教えよう」と思ってください。

彼らは異星人ではありません。ただ、社会人としての基本を教わっていないだけなのです。

その教え方に迷うこともあるでしょう。頭ごなしに叱《しか》ったら、次の日から出社しなくなるのではないか、と不安に思う人もいるはずです。叱らなくてもいいのです。たとえばこんな教え方もあります。

ある企業の営業部長が、新人の女性の服装に頭を痛めていました。取引先を回るのに、彼女の判断では「きちんとした格好」をしてくるのですが、部長から見ればそれは「今どきの女の子の外出着」でしかありません。キャミソールにミニスカート、素足にミュールでは困るのです。考えたあげく、部長は彼女を呼んで言いました。

「どうだろう、キミはスーツを着たら、きっとよく似合うと思うんだがなあ」

その女性は気分をよくし、スーツも着るようになりました。すると、取引先の対応が違ってきたことに気づいたのです。それまでは誘われたことのない会合に誘われるようになりました。ある取引先では、いつも入り口で立ち話だったのが、応接室に通されるようになりました。彼女ははたと気づいたのです。スーツを着ることで、仕事をする仲間として認められたのだ、と。部長の「よく似合うと思う」というほめ言葉をまぶした教えが、自分で社会人のマナーに気づく道を開いてくれたのです。

■どうすれば大人が上手に教えられるのか

読者の中にはおそらく、若い社員に社会人としてのマナーが身についていないのを、なんとかしたい、でもどうしたらいいかわからない、と悩んでいる方が少なくないでしょう。先の部長の例でもわかるように、叱るのは簡単でも教えるのは難しいものです。相手が自分で気づくように教えるには、かなりのエネルギーが教える側にも必要です。

でも、私は先輩の皆さんにも、彼らを見放すのではなく、知らないのなら教えてやろう、という気持ちを少しだけもっていただきたいと思うのです。そのために役立ついくつかの工夫を、ここで紹介しておきます。

もし今、あなたが会社の先輩で、目の前に働く社会人としてのマナーに気づかせたい後輩や新人がいるとしたら、教えてあげる前に次のようなことを考えてみるといいでしょう。

まず、その相手に教えてあげるのは、誰のため、なんのためなのでしょうか。

「このままにしておくと会社にとって損失だから」「その若者に好感をもっているから」「同じ部署の人間が仕事に集中できないから」……こういった目的や理由を整理してみると、教える際に感情的になるのを防げます。

そして、自分が教えるのに適任かどうかも、考えてみてください。ほかの人が教えると、誤解が生じるかもしれない。部長に注意されるより、先輩である自分が教えるほうが素直にとってくれるかもしれない……。自分がその役割を果たすべきだと判断できれば、先輩として教えてあげるべきです。

大切なのは、感情的に不快感をぶつけるのではなく、自分自身もオフィシャルな立場にあることを忘れずに、言い方を工夫することです。ストレートに「こうしたほうがいい」という場合でも、次のような言葉を最初に言えば、耳にやさしくなります。

「こんなことは、お節介かもしれないけれど」

「私も昔はそうだったんだ。でもね」

「この年齢になったからわかるんだけど」

なんであれ、人にものを教えるのは難しいことです。けれども、仕事の場というオフィシャル・スペースだからこそ、先輩には、マナーを教えるのも仕事のうち、という意識をもってほしいものです。会社の側に新人教育に力を注ぐ体力がなくなっているだけに、これから先輩社員や上司の新人教育はますます大切なものになっていくかもしれません。

5人目の相談

■慣れない人と話せない

ある日やってきたE君は、人間関係が苦手で、就職に不安を感じていました。専門学校でパソコンについて学び、将来はシステム・エンジニアとして仕事をしたいと思っているのですが、人づきあいに自信がない、と言います。

E「友だちとなら気楽に話せるんですが、初対面の人や年齢の離れた人と、どう話をすればいいのかわかりません。就職すると一人で新しい環境に入っていくわけですから、こんなコミュニケーション能力ではやっていけないのでは、と今から不安です。アルバイトで働いたときも、仕事のやり方でわからないところがあったのに、どう聞けばいいかわからなくて、自分流にやったものがミスになり叱られたことがあります。何かいい解決方法はないでしょうか」

今の若い人たちは、この〈コミュニケーション〉というやつが、たいへん苦手です。労働経済白書（前掲）によれば、一五歳から三四歳までの若者の中で一度も求職活動をしたことがない人たちに、その理由を聞くと、トップは「人づきあいなど会社生活をうまくやっていく自信がないから」という答えになっています。人づきあいなどに自信がない、というのは、人とどうコミュニケーションをとればいいか自信がない、ということでしょう。

おおむね、コミュニケーションを上手にとるのは、とても難しいことです。

私はこれまで、これから働こうとする若い人向けの就職支援セミナーを数多く開いてきました。そこへやってくる人のほとんどが、初対面の相手に自分から会話を始めることが得意ではありません。初対面とはいえ、隣りにいるのは年齢も近い人たちです。セミナーが地方自治体の主催なら、同じ地域で暮らしていることも推測できる、自分と同じように働きたいという動機があってやってきた同年代の人たちです。そこまでわかっていても、「今日は天気がいいですね、どちらからいらしたんですか？」「最近、ほかの説明会に参加しました？」といった挨拶や、やりとりを積極的にしようとしません。隣りの人と何か話したほうがいいとは思うけれど、どうすればいいだろう、と悶々《もんもん》としているのが見ていてもわかります。もちろん、全員がそうだというわけではありませんが、会場がなごんで参加者同士が談笑を始めるまでには、いつも相当時間がかかります。

ですから私は、こうしたセミナーを、「他人に向かって、自分について話す」という練習から始めることにしています。

「今、自分が興味をもっている人物について、一人ずつ、同じテーブルの人たちに向かって三分間話してもらいます。テーブルにあるタイマーを使って三分間きっちり計ってね。途中で話が終わってしまっても、三分の長さを自分で感じてみてね。さ、やってみましょうか」

七〜八人のグループに分けて始めるのですが、どうしても話せず下を向いてしまう人がいます。そうかと思えば、時間をはるかにオーバーして話し続ける人もいます。コミュニケーションの第一歩は、自分の考えや意見を、言葉にしてきちんと（持ち時間を守って）相手に伝えることですから、これができないと就職試験の面接や、実際の仕事の場で困ることになります。

話すことができなかった人にも、きっと伝えたいことはあったのでしょう。ただそれをどう言葉にすればいいかわからなかったのだと思います。自分の思いを言葉にする経験が、これまでそれほど多くなかったのかもしれません。

そんな人を会場内で見つけると、こんなふうにアドバイスします。

小島「他人と話すのは難しいよね。慣れていないとすごく苦痛だしね。でもあまりイヤだと思わずに話すコツもあるのよ。たとえば初対面の人と話すときに、相手の目を見ながら、その話に一生懸命うなずくのね。そうして面白い話だったら笑う、そうやってこっちからどんどん反応を見せていくの。そうすると相手は自分が承認された、と感じるんです。するとあなたのことも承認しよう、受け入れてあげようという気になる。そうなればずいぶん気が楽になるでしょう」

そうすると、じっと下を見ていた彼（彼女）の顔が、私のほうへ向いてきたりします。

延々と語り続ける人も、コミュニケーションが上手だとはいえません。あきれてぽかんとしたり、興味がもてずによそ見を始めたりしている聞き手の反応を、まったく無視しているからです。これではただの独白になってしまいます。

自分の考えを言葉にすることはできても、こういった人には相手に伝えようという意思がないのです。ただ言葉にして話すだけでなく、どう話せばよりよく理解してもらえるかと気を遣い、工夫することで初めてコミュニケーションのスタートラインに立てるのです。

■必要なことを、言葉できちんと伝える

上手なコミュニケーションは、人間関係をスムーズにするだけではありません。必要なことをきちんと伝える技術は、仕事をミスなく行うためにも欠かせないものです。

ある菓子店でアルバイトをしていた一九歳の女性は、仕事のやり方をどこまで聞いていいか、ということで悩みました。

その店では進物用にクッキーの詰め合わせを買う人が多く、そのストックは、店頭の買物客の目からは見えない場所に置いてありました。店頭のストックが足りなくなれば、奥の倉庫から持ってくるのです。店には常時三人の店員がいて、新米アルバイトのその女性も見よう見まねで仕事をしていました。

ある日、彼女はクッキーの詰め合わせのストックが減っているのに気づきました。彼女は考えました。

「ストックがなくなりかけています」と先輩に伝えるべきだろうか？　自分は新米のアルバイトだが、先輩がやっているように勝手に倉庫に行って補充してもいいだろうか？　先輩の二人は忙しそうです。彼女は結局、倉庫へ行きクッキーの箱を持ってきました。それから先輩に報

告をしたのです。

「三〇〇〇円の詰め合わせと丸缶、補充しておきました」

するど先輩は「ありがとう。気が利くわね」とほめてくれたといいます。

誰でも、働き始めのときや慣れないうちは、こんなことを聞いてもいいのだろうか、と迷うものです。やり方が見よう見まねでも、わかっているのならやってみることです。それが仕事を覚える、ということでもあります。指示されるのを待って、言われたことだけをするのは仕事ではありません。自分で覚え、自分で見つけていくのが仕事というものです。

さらに言えば、このアルバイトの女性の場合、彼女のほうからも、先輩にひと言返してほしかったと思います。ほめられてうれしかった、と自分の心の中で思って終わりにせず、こう言うのです。

「先輩がいつもなさっていたので、まねてみたのですが、勝手にしてもいいか心配でした。ほめていただいてうれしいです」

こう伝えておけば、先輩は、働き始めたばかりのアルバイトがどんなことを不安に思うものか、理解するはずです。「あなたもこの仕事をしていいんだよ、って言ってなかったものね」と認めてくれるかもしれません。さらに、ほめてあげるとこの人はこんなにうれしいんだ、ということにも先輩は気づくでしょう。

これがコミュニケーションなのです。つまり、自分が感じていること、考えていることを、お互いに言葉にしてやりとりするというのが、コミュニケーションの基本なのです。

■相手が何を知りたがっているのか、を理解する

このように、コミュニケーションは一方通行で成り立つものではありません。必ず双方向のものです。相手に何を伝えたいかだけでなく、さらに一歩踏み込んで「相手が何を知りたがっているか」を想像する必要もあります。これは実際に就職活動を始めたとき、面接の場面でもまず求められることです。

私のところへ相談にやってきた大学三年生の男性は、何十社と求人に応募して、いいところまではいくが面接で必ず落とされる、という深刻な悩みを抱えていました。大学はかなりの有名大学で成績も悪くなく、彼は就職活動には絶大な自信をもっていたのです。それがなぜこれほどうまくいかないのか、彼には理由がわかりません。私のところへやってきたときは、ひどく打ちのめされた状態でした。

それまでの面接はこうでした。面接官が聞きます。

「学生時代、いちばん力を入れてやったことはなんですか」

彼は胸を張ってこう答えてきました。

「バンド活動と販売のアルバイトです。バンドでは作詞・作曲をし、自分が作ったものに観客が心を動かされることに喜びを感じました。またアルバイトでは、どういうものが売れるのか工夫して売り上げを伸ばした経験があります」

この男性にすれば、クリエイティブなバンド活動で活躍したことや、販売のアルバイトでも自分から工夫をした姿勢をアピールしたかったのでしょう。文字通り、それが「いちばん力を入れてやったこと」だったからです。しかしそれは、彼の側で伝えたかったことでしかありません。

彼が就職を希望している職種は広告代理店でした。そうした会社の面接官が知りたいことはなんでしょうか。コミュニケーション能力のある人なら、その点を想像します。履歴書に書いた資格について聞きたいのか、趣味について詳しく聞いて人柄を知りたいのか、卒論の内容について答えればいいのか……。クリエイティブな人かどうかを知りたがっている面接官に対してなら、彼の答えも間違いではなかったでしょう。ただそれでうまくいかなかったのですから、面接官が聞きたかったのは別のことだったのです。

私は彼に尋ねました。

「広告代理店の人はどんな学生を採用したいと思っているかな。想像してみて」

彼は考えながら、こう言いました。

「面白い広告や宣伝を作れるクリエイティブな人だ、と思っていたんですが。違うんでしょうか」

「クリエイティブな広告や宣伝を望むのは、広告代理店に仕事を頼む企業のほうよね。広告代理店の人は、必ずしも学生には求めていないと思うけど？　それに採用する側が知りたいのは、その人が今どんな能力をもっているかではなく、自分の会社で将来有能な人材になる可能性があるかどうか、なの。

〈現在、自分はこうです〉というだけでは、可能性がわからないよね。自分にはこんな可能性があるということを伝えないと。ただバンド活動で歌を作ったというだけでは、それは、あなたの今の状態を伝えただけじゃないかしら。

あなたは自分の歌を演奏するバンドを聴いてもらうために、お客さんを集めたんでしょう？　それはどうやって集めたの？」

「ポスターやチラシを作り、貼ったり配ったりしました。場所もよく考えたし。ラジオ番組で宣伝してもらうこともしたんですよ」

「先方が知りたいのはそういうことよ。自分の作った歌を聴いてもらうために、どうすれば観客が集まってくれるか考えて、工夫した。ポスターやチラシをこんなふうに作った、ラジオ番組でも宣伝してもらった。そのときに、広告という仕事が面白いと思ったんでしょう？　販売のアルバイトで売り上げを伸ばしたときには、具体的にどんな工夫をしたのかな？　その工夫で結果が出たのが面白かったから、広告の仕事に興味をもったんじゃない？　そういう話を、面接官は聞きたいんだと思うわよ。そうすれば、あなたが会社に入ったときにも、こんなふうに工夫して働ける人だという可能性が見えるでしょう？」

この学生には、広告代理店の面接で、相手が何を知りたがっているか想像することさえできれば、語ることはちゃんとあったのです。

「バンド活動に観客を呼ぶためにポスターを作り、貼る場所も考えて人通りの多いところを選びました。それ以外にも学生の多い時間帯を選んでチラシを配ったり、ラジオ番組で取材もしてもらいました。そうした経験から、自分たちの事業や扱う商品について多くの人に知ってもらう仕事に面白さを感じたのです」

こう話せば、彼は会社の面接官との間にコミュニケーションがもてた、といえるでしょう。

自分のことを一方的に伝えるだけでなく、相手が知りたがっていることを想像して話す。そこで初めてコミュニケーションは双方向行き交うことになるのです。

こうしたコミュニケーション技術が社会の人間関係を支えています。働くためにはこのコミュニケーション能力がどうしても必要なのです。

6人目の相談

■我慢することも大切

思い通りの仕事ができそうな会社に、念願かなって就職できても、実際に仕事に就いてみれば、楽しいことばかりではありません。新人の間は、むしろ辛く、苦しいと思うことのほうが多いものです。慣れない環境で緊張して過ごす毎日に、心も身体も疲れ果てます。新しいことも山ほど覚えなくてはなりません。その会社の仕事に対する考え方、職場独自の行動のルール、そして細かな業務手続きの決まり事。仕事の内容（手順）を覚えるだけでもたいへんなのに、その会社の掟とでも呼ぶべきことまで、覚えなくてはならないのです。楽しいなどと感じる暇は、とてもありません。

Fさんは、就職して半年経った会社をやめようと考えて、私のところへ相談にきました。会社は地元の信用金庫。短大では文学部でしたが、学生時代に簿記の勉強をして三級の資格を取っていました。金融関係が希望で、できれば家から通える会社への就職を目指していた彼女は、ほぼ満足できる結果を得たといえるでしょう。それなのに、半年でやめたくなった、というのです。

F「三ヶ月の研修期間が終わって、支店に配属されてそろそろ三ヶ月です。私は今窓口にいるのですが、お客様の相手をするだけでなく、会社のいろいろな商品をすすめなくてはなりません。伝票処理や、連絡事務など日常業務の手続きを覚えるだけで手いっぱいなのに、新しい金融商品がいくつもあって、その内容も覚えなくてはならないんです。お客様に質問されて答えられないことも多くて、そのたびに落ち込んでしまいます。この頃は、やっていく自信がなくなりました。こんな社員では会社にも迷惑でしょうし、やめようと思うんですが」

Fさんは相当まいっているようでした。厳しい就職活動を乗り越え、自信満々で希望の会社に入っただけに、なおさら、うまく仕事がこなせない自分に落胆してしまったのでしょう。こういう人に私はいつもこんなアドバイスをします。

小島「誰だって、最初から仕事ができるわけじゃないの。仕事はやり続けるうちに、スピードも上がるし、失敗も少なくなるんです。例外はありません。心配しなくても大丈夫。何度もこなすうちに必ず仕事はうまくできるようになるから。

それに、あなたはまだ半年しか会社にいないでしょう。来年のボーナスまで、一年は頑張ってみようよ。一年働くと、会社の営業年、一年間の仕事の流れがわかるんです。この時期は決算で忙しいけど、この時期は暇だなとか。この時期は書類仕事が多くて、この時期は外へ出る仕事が多いんだなとかね。それがわかると、自分の働き方にもリズムが出てきて、グンと楽になる。自分なりの工夫をしたり、ほかの部署との連携を発見できるようにもなる。自分がしている仕事が、会社の中でどんな部分を占めているのか、少しずつ見えてきます。それまでは、我慢が必要なの。

やめるのは簡単だけど、最初に入った会社を半年でやめた、という経歴は、一生あなたについて回るのよ。もう一度よく考えてみて」

企業が採用に当たって、運動部での活動を熱心にやってきた学生や、偏差値の高い大学の学生をややもすると優遇する傾向があるのは、そうした学生に、この我慢強さ=耐性があると考えられるからだと私は見ています。

時に理不尽《りふじん》に感じる辛い練習にも、強くなりたい一心で耐えてきた運動部の学生や、難関大学に合格するために、なぜこんなに勉強しなくてはいけないのか、という大きな疑問をねじ伏せて受験勉強をやり抜いた学生なら、しんどくても「もう少し頑張ってみよう」という耐性があるのではないか、と採用側が考えるのはごく自然なことです。

仕事は、失敗も含め、自分で体験する以外に覚える方法はありません。また、うまくやりこなせるようになるにも、そうした体験を積み重ねていくしかないのです。

けれども、誰もが厳しい運動部の練習や、猛烈な受験勉強に耐えられるとは限りません。そうした経験以外にも、もちろん我慢強さ＝耐性を養う方法はあります。

■自分でやり遂げることが自信に

勤めていた会社を早い時期にやめた二五歳の男性がいました。彼は、その後仕事をせずに、半ば引きこもりのように暮らしていたのですが、どうにか父親が経営している小さな印刷所の手伝いをするところから再出発をはかりました。

彼が仕事をやめた理由も、Ｆさんがあげている理由とよく似ています。就職したのは大手の自動車会社だったのですが、新人として配属された部署で、仕事上の失敗がいくつか重なり、自信をなくしてしまいました。それでひどく傷ついた彼は、働き続けることができなくなったのです。しかし、二年ももたずに会社をやめたことは、また別の意味で、彼から自信を奪ってしまいました。そんな短い期間でさえ働き続けることができない自分には、どんな仕事も続けられないだろう、と思い込むようになったのです。

そんな彼に、父親は「仕事」と言わず、「手伝い」を頼みました。印刷所では地域のミニコミ誌や、公民館の案内などのほか、町の商店のパッケージやパンフレットも作っています。父親といっしょに仕事場で身体を動かして働くうち、彼は少しずつ仕事をこなす自信を取り戻していきました。一年ほどで、車で配達に出て、取引先の商店や役所の人と話ができるようにもなりました。引きこもりのような状態だった人が、外へ出て、見知らぬ人と仕事の話ができるまでになったのですから、立派なものです。両親が「早く働きなさい」などとせきたてず、根気よく、見守る姿勢に徹したのもよかったのでしょう。彼は、仕事で失った自信を仕事で取り戻しつつあるのです。「仕事には、継続することでしか身につかないものがある」と、気づいたのだと思います。

耐性を養うには、何かをやり遂げたという自信をもつことが効果的です。この男性のように、家業を手伝うことでもいいですし、たとえ親といっしょに暮らしていても、自分のことは自分でする、といった自立した生活をすることでもいいと思います。一年間こんなことを続けられた、人に頼らずに自立した生活ができた、という自信が、「あれができたのだから、これにも耐えられるだろう」という力になっていくのです。

F「今はわけもわからず働いているうえに、うまくできないことも多くて、くたびれ果てていますが、いつまでもこうじゃないと思うようにしてみます。来年の夏のボーナスを目標に、もう少し頑張ってみようかな。ここで投げ出すと、自分がもっと情けない思いをするかもしれませんしね」

小島「そうして一年働き続けたら、今度はさらにもう二年、頑張ってみて。つまり、その会社で三年働く、ということを目標にするの。会社のこと、自分の仕事のこと、かなりわかってくるのには、やっぱり三年はかかるのよ」

仕事の流れを知って、そのリズムを覚えるのに一年。仕事によっては、たとえば年末調整の事務のように、年に一度しかないものもありますから、やはり仕事に習熟するのに三年は必要でしょう。

また、三年経つと、仕事によっては、その人の実績と呼べるようなものも出てきます。ある程度の能力や技術がついてくるのもその頃です。三年くらいで、ほかの部署の仕事を経験させるために異動がある会社もあります。さらに言うと、やはりその会社と相性が悪くてやめるようなことになっても、三年間働き続けていれば、そこから何かしら得たものをもって次の仕事に進めるはずです。

仕事を続けるには我慢も必要です。これから就職しようとする人たちは、自分たちの世代には、そうした耐性を鍛える機会が少なかった、と自覚してください。一度自信をなくしたからといって、すべてがイヤになった、と簡単に投げ出さないことです。なんとか一年、その次は三年、自分で体験することで初めてわかるのが、仕事というものなのです。

7人目の相談

■仕事は教えてもらうのではなく、自分でつかむもの

G君は就職したものの、一年半で会社をやめてしまいました。医薬品メーカーで営業の仕事をしていたと言います。

G「親にも、ずいぶんもったいないと言われました。初任給から、けっこうもらえてたんです。でもノルマがきつくて、それでまいった、というのが大きな理由かな。

だいたい、仕事のやり方とか教えてくれないんです。一週間研修があって、それから一ヶ月くらい先輩の仕事について回っただけで、すぐ配属なんです。初めはデスクワークだったんですが、マニュアルとかもないんです。それで仕事をしろ、なんて言われても困りますよね。二年目に入って先輩社員と二人で担当の得意先をもらいました。でも、先輩が休んだとき、仕事にならなくて。それで上司に、僕にはできませんから、と言ってやめたんです。でも、やめて

そろそろ半年になるんで、なんとか次の仕事を見つけたいんですが」

小島「ねえ、仕事は教えてもらうもの、と勘違いしていない？　仕事は、自分で見て聞いてつかんでいくものなのよ。積み重ねていくものなんです」

私は「会社でも学ぶことはある」とよく言うのですが、それは学校のように、ただ教えられたことを覚えればいい、という意味ではありません。受け身で学ぶのではなく、自分から学ぼうとする人だけが学べる場だということなのです。

会社が新人教育で教えるのは、主に社会人としてのマナーとルール。それから、会社が要求する自社にふさわしい社員のあり方です。それぞれの部署に配属されてからの仕事のやり方までは教えません。それは正社員採用になるまでの研修期間に、先輩社員が一通り教えます。けれども、その期間が終われば、もう教官役はいないのです。先輩の社員も、それぞれの仕事を抱えています。いつまでも、新人のお守りをしてはいられません。

そこでどうするか。

教わる側は、先輩社員の仕事のやり方を観察します。電話のかけ方、書類の回し方、得意先との話し方、よく見て覚えていくのです。自分が働いている職場の仕事の流れも、そうです。そのうえでわからなければ、もちろん聞いて教えてもらいます。

ただ、何度も同じことを聞いたのでは、教える立場の人たちに余計な仕事をさせることになります。酷なようですが、新人は、覚え切れないようなことでも自分で覚えるしか方法はありません。そうでないと、職場の人も、自分も仕事ができなくなってしまうからです。

もちろん、G君のように、できないからやめる、ということになる人もいるでしょう。そうならないために、やはり工夫が必要になってきます。仕事は、そうした工夫をしながら自分で覚えていくものなのです。

私が銀行に入ったばかりの頃、教育係の先輩との間でこんなことがありました。

仕事をしながらわからないことが出てくると、私はいつもその先輩のところへ飛んで行きます。すると教えたあとで、彼女は「同じことは二度聞かないでね」と言うのです。仕方なく私は教えられたことを、メモ用紙に書くようになりました。すると彼女は今度は、「メモするだけで、覚えられるの？」と聞いてくるのです。

銀行の仕事には、すべてマニュアルがあります。細かいところまで指示した膨大なものです。仕事の最中に、いちいちそれを見ていたら日が暮れてしまいます。けれども先輩は、「同じことは二度聞くな」と言うのです。

私は困りました。困ったあげく、ようやくメモをノートに書き写し、苦手な仕事についてだけの自分流のマニュアルを作ることを思いついたのです。ささやかな工夫ですが、先輩社員が「二度は聞かない」「メモをとりっぱなしにしない」というヒントをくれたおかげで、たどりつけたのだと思います。しかし、この自分流マニュアルを作るまでの苦労は無駄になりませんでした。私は、仕事は自分で工夫して覚えるものだ、ということを、しっかり頭にたたき込んだからです。

この話をある編集者にしたところ、彼女もこんなことを言っていました。

「新入社員の頃、先輩が私あての電話の伝言メモを書いて、デスクに残してくれたんです。そこには、年下の私に対しても、『○○様』と丁寧に書いてあって、受けた時間と、電話を取ってくれた先輩の名前もメモしてありました。ああ、電話のメモってこう書くんだ、って思ったことを今も覚えています。新人の私にまで『様』づけですよ。でも、それが気持ちよく仕事をするために必要なことだなって。それから、先輩の電話の応対にも聞き耳をたてるようになりました。敬語の使い方とか、それで覚えたようなものですよ」

■新入社員に求められているもの

企業は今、即戦力になる人を求めています。苦しくなった経営を立て直すために、多くの企業がリストラを行いました。どこでも正社員は少数精鋭です。新入社員にも、一日も早く戦力になってもらいたい、というのが本音です。

もちろん、新入社員のうちから、ベテランのようにばりばり仕事をこなす能力や技術を求めているわけではありません。自分から仕事を覚えようという、積極的な姿勢をもった人に入ってほしい、と思っているのです。

仕事をやり遂げる責任感や指示への機敏な反応、自分で考えて判断する自主性など……仕事に取り組む姿勢、それも前向きで自発的な姿勢が要求されているのです。今できないことも、次にはできるようにしよう、という自主性が重要なのです。

もちろん、「たぶんこれでいいだろう」で進めてはまずい仕事も、会社にはたくさんあります。一定のフォームに従わないと、ほかの部署と連携できない仕事や、事務手続きの決まり事、新人の判断には任せられないような大きな責任を伴う仕事もあります。

そんなときはやはり、上司や先輩に確認します。ただし、「どうすればいいでしょう」とただ指示を仰ぐのではなく「こうしようと思いますが、それでいいでしょうか」と尋ねられるようであってほしい、と思います。

言われた通りにするのが仕事ではありません。一度教わった仕事は、次からは一人でする。一人でできるようになったら、もっとうまくできるような工夫をする。それが、仕事というものだからです。

■マニュアルがあっても、働き方は違う

G君は「先輩がいないと、どう働いたらいいかわからなくなった。それはマニュアルがなかったせいだ」と言っていました。彼はごく短い期間で仕事をやめてしまったので、無理もありませんが、マニュアルというのは、いってみれば〝家の土台〟です。その上に、その人なりの工夫や自主的な判断で仕事を積み上げていって初めて、人それぞれの仕事ができるのです。

たとえば、最も多くの学生たちが経験する三大アルバイト――ファストフード、ファミリーレストラン、コンビニエンスストアといったマニュアルのある仕事で考えてみましょう。

誰がやっても同じレベルの仕事ができるように、マニュアルは実に細かなところまで決められています。どんな仕事でも、同じ難易度、つまり誰にでも簡単にこなせるレベルになるよう、

あらかじめ整理されているのです。逆にいえば、決められたことしかしてはいけない仕事でもあります。

ところが、働く人誰もがその仕事に同じような取り組み方をするかというと、これがまったく違ってきます。ある人は、コンビニの棚に商品をきれいに並べる仕事をいちばん熱心にします。きれいに並べられると、うれしいのです。ところが、ある人は、棚に並んだ商品の動きを見て、時間帯や客層によって変化するそのパターンを見つけ出すことに興味をもちます。レジで接客をするのが何より楽しい、という人もいるでしょう。同じマニュアルに縛られた仕事をしていても、これだけ働く人の感じ方は違うのです。これを、私は、各々の仕事における個性、〈労働個性〉と呼んでいます。

マニュアルの枠の中で働いていても、その人の労働個性によって楽しいと感じ、特に興味をもつ仕事が出てくる。すると、人は仕事に工夫をするようになります。

たとえば、あるコーヒーショップ・チェーンで働いていた二〇歳の専門学校生の女性は、カウンターに立って、やってくるお客様にどれだけ満足してもらえるか、ということにやりがいを感じていました。彼女が働いていた店は、昼間お年寄りの利用が多い店でした。そこで彼女はどうしたか。接客マニュアルを自主的に少しだけ変更したのです。彼女はお年寄りからの注文にはこんな応対をしました。

「いらっしゃいませ。はい、牛乳入りのコーヒーですね。(奥へ向かって)カフェラテお願いします」

「はい、イチゴのアイスクリームですね。上にかけるものがいろいろありますが、どれがよろしいですか?」

「こちらで召し上がりますか? おうちへ持って帰られますか?」

マニュアル通りなら、牛乳入りのコーヒーは客に対しても「カフェラテ」ですし、アイスクリームの上にかけるものは、「トッピング」と言うべきところでしょう。店から持って行くのかと聞いているのも、本来なら「お持ち帰り」「テイクアウト」と表現するはずです。けれどもこの彼女の小さなマニュアル無視を、店長は勝手な変更とはとりませんでした。なぜなら、彼女の勤務時間をわざわざ選んで、お年寄りの客が集まるようになったからです。店長の目には、彼女がとった行動は仕事に対する工夫であり、彼女には自分で考え判断する自主性がある、とむしろ好意的に評価されました。つまりマニュアルという土台は共通でも、その上に建つ家がよい家なら、建て方はその人に任されているのです。なぜなら仕事の目的は、マニュアルを守ることではなく、成果を上げることだからです。

どんな業種よりマニュアルがものをいうコンビニでさえ、店の売り上げを左右するのは、実はそこで働く人の自主的な工夫です。売り上げのいい店には必ず創意工夫に優れた人がいるものです。

ある私鉄駅前のコンビニは、表通りから一歩入ったところにあって、立地から見ると商売には決していい条件とはいえませんでした。それでも、売り上げはいつもその地方の上位に食い込んでくるのです。それは、その店にアイディア豊富な店員がいるからでした。

店の周辺には学校がいくつかあります。春と秋の運動会シーズンになると、その店員は運動会の日程をチェックし、冷えた飲み物の入ったケースを店の前に出し、弁当も外で売り、さらに地面に敷くビニールシートや、折り畳み椅子、帽子、日焼け止めなども目立つ場所に並べる工夫をしました。繰り返し訪れる客も増え、学校のほかの行事についての情報も入るようになると、対応はさらにきめ細かくなっていきました。そのうち、学校行事だけでなく、何か必要なものが出てくると「あそこのコンビニに行けばあるんじゃない？」と、あてにされる店になっていったというのです。

私は、G君にこう言いました。

小島「仕事には、確かにマニュアルを参考にして覚える部分もあります。でも、それは最低限のこと。そこから先は、うまく仕事をこなしている人のやり方を観察して、まねてみる。それができたら、状況を見ながら、自分で考えて工夫してみる。そうやって作っていくのが仕事なんだと思うわ。

教えてもらうことを覚えて、一つしかない正解を出せば終わりなのは学校の勉強だけよ。仕事にはその先へ進んだ自分なりの工夫が求められる。仕事の楽しさって、マニュアルの段階で諦めてしまったらわからないことかもしれないよ。また、新しい仕事を探しましょう」

どういう仕事を楽しいと思うか、自分にマッチしていると感じるかは、人によって違います。仕事という枠の中に入って初めて気づく人もいるでしょう。楽しい、面白いというのはとても日常的な感覚ですが、プライベートな生活でそう感じてきたものが、仕事の中でも見つかると思っている人は少ないのではないでしょうか。でも、それがあるのです。

プラモデルを作ると時間を忘れてしまう人が、いろいろな仕事を経験するうちに、物流のスケジュール管理をしているととても楽しいことに気づいたり、本を読むのが何より好きな人が、通販会社でギフトコンサルタントの仕事に夢中になったりします。プラモデルも、物流管理の仕事も、段取りのよさと集中力が必要なことですし、読書も、顧客のギフト選びの相談にのる仕事も、想像力をフルに働かせなくてはなりません。

この仕事が好き、と感じる人それぞれの労働個性。その労働個性を発揮できる仕事に出会ったとき、それがその人の適職、というものなのだと私は思います。

8 人目の相談

■やりたい仕事なら続けられる？

早期離職の人たちがなぜやめたかを話すときに、よく「自分がやりたい仕事をさせてもらえなかったから」という理由があります。

H君もそうでした。大学を出て就職したのは、大手家電販売チェーン。工学部の機械学科を出た彼は、本社で技術系の仕事に就くことを希望していたと言います。

H「それなのに配属されたのは、仕入れ部門。全国の店の在庫確認をしたり、上がってくる売り上げ報告を図表に起こしたり、毎日、パソコンの画面とにらめっこするような仕事ばかりでした。それで、すっかり嫌気がさしてしまいました。

僕は、新しい電気製品をテストしたり、機能を比較したり、そういう自分の学んだことを生かせる部門で働きたかったんです。あまりに仕事がつまらなくて、結局半年経たずにやめてし

まいました。今は、就活のときダメだった家電メーカーに、もう一度チャレンジしようと思っているんですが……。また、全然機械そのものと関係のない部署に配属されることだってあると思うんです。そうなったらどうしようかと悩んでいるんです。先生、どう思いますか」

就職しても、なかなか希望通りには配属されない、と思ったほうがいいでしょう。看護師や司書といった資格の必要な仕事や、編集者、システム・エンジニアといった職種を限定した採用でない限り、一般職として採用された人の配属は、その会社の裁量次第だからです。

家電メーカーの研究所を希望していた技術系の人が、修理用のパーツ管理の部署に配属されたり、広報を希望して百貨店に就職した人が、美術品売り場に配属になったりすることは珍しくありません。なぜ、就職のときに希望した部署に行けないのか？　それは、本人の希望というものを、会社があまり重視していないからです。

採用側の人たちは、仕事をしてきた大先輩として、仕事は実際にしてみないとわからない、ということをよく知っています。働いたことのない学生が「経理の仕事をしたい」と言っても、その人が想像している仕事の内容が、実際に経理部で行われているものとは違うことがある、とわかっているのです。

ですが、新入社員はそうは思いません。自分が望んでいた部署ではないことに失望し、配属された部署で与えられた仕事にも熱心になれなかったりします。そうなると、いつまでたっても仕事が覚えられない、うまくこなせない、次のステップへ進めない。いよいよ面白くない、という悪循環に陥ってしまいます。

■その仕事からどんな報酬が得られるのか

これから就職しようとする人や、就職したばかりの人が「これこそ自分がやりたい仕事だ」「ここが自分が本当に入りたかった会社だ」と言うとき、その判断はどんなことを根拠にしているのでしょうか？

もちろん、自分の興味についてよく考え、興味に合った好きになれそうな仕事を探し、仕事の内容を吟味して探し出した会社だ、という人もいるでしょう。でも、そういう手順を踏んで、もし複数の会社に行き当たったとしたら、誰でも有名で条件のいい会社のほうを選ぶはずです。それが人情だと、私も思います。

働き始めようとする時点では、皆、その会社が与えてくれる〈外的報酬〉に目を奪われがちです。外的報酬とは、給与はどのくらいか、会社の知名度やイメージはどうか、職業としての安定度はどうか、といった外側の魅力です。自分自身が、この先充実した人生を送りたい、と願ってはいるものの、その姿はまだ漠然としているために、わかりやすい外側の条件にひかれてしまうのです。つまり就職活動中の人や新入社員が「やりたい仕事」「希望していた会社」と言うとき、その判断の根拠には、こうした外的報酬から得る満足度があることが多いのです。

ところが働き始めてしばらくすると、今度は自分の興味や能力と仕事とが一致して働ける楽しさを知ります。難しい仕事を工夫してやり遂げた充実感も経験します。すると、給料や社会的な認知度などといったことに、自分自身の楽しさや充実感が、仕事の魅力として加わってくるのです。

また、仕事を続ける中で自分が成長しているのも実感します。こうなるともう、スタート時点とは違う自分が生まれています。この時点でようやく、これから具体的にどんな生き方をしていきたいのか、おぼろげながら見えてくるのではないでしょうか。

これを、私は〈外的報酬〉に対して、〈内的報酬〉と呼んでいます。この内的報酬は、働き続ける中で、楽しさや充実感といった経験を重ねることで初めて得られるものなのです。

左ページの図を見てください。就職活動をスタートさせた時点では、私たちは自分のことがまだよくわかっていません。何に興味があり、どんなことが好きで、どんな能力があるのか考

◎労働個性と報酬欲求の追求

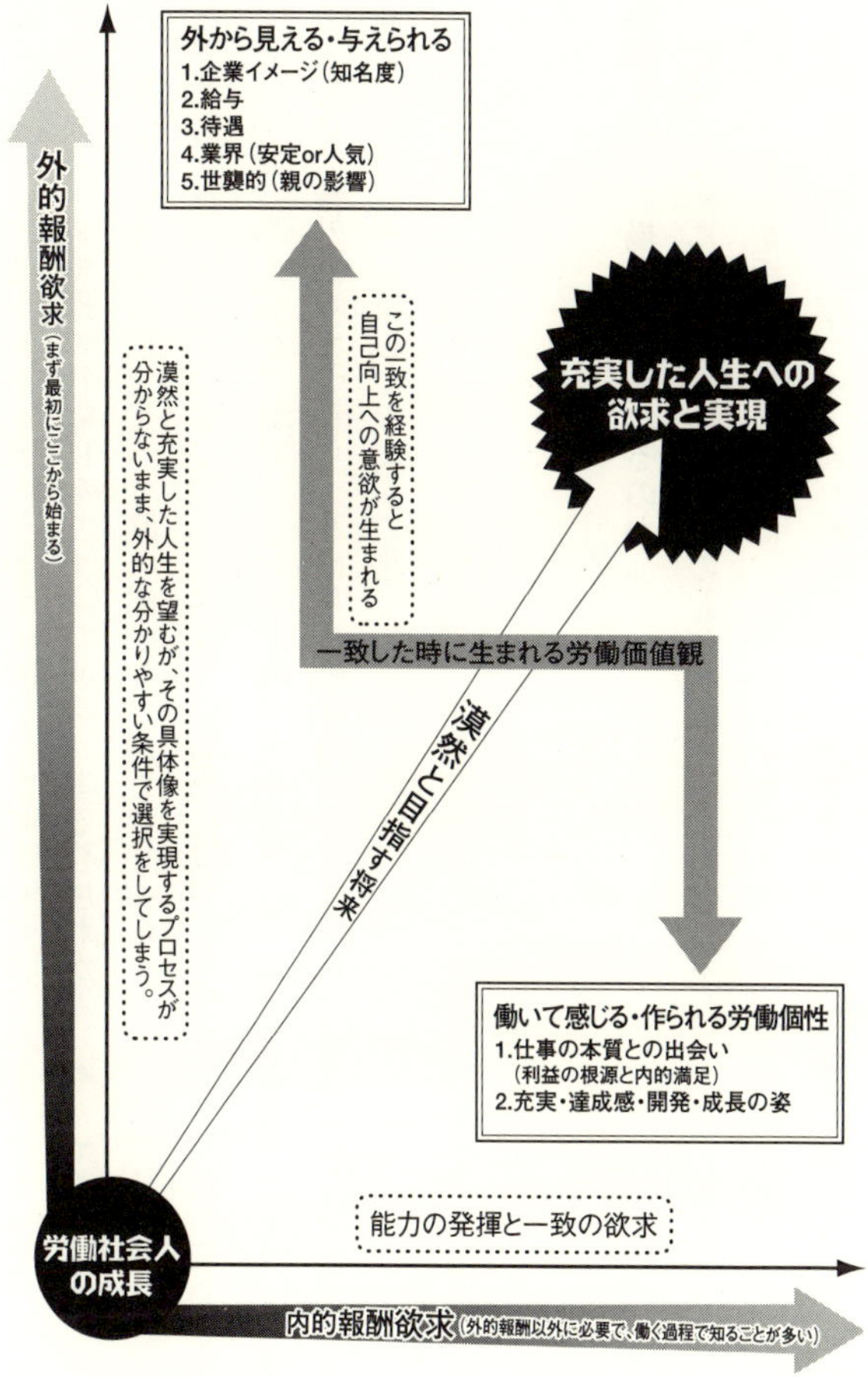
外から見える・与えられる
1.企業イメージ(知名度)
2.給与
3.待遇
4.業界(安定or人気)
5.世襲的(親の影響)
外的報酬欲求(まず最初にここから始まる)
漠然と充実した人生を望むが、その具体像を実現するプロセスが分からないまま、外的な分かりやすい条件で選択をしてしまう。
この一致を経験すると自己向上への意欲が生まれる
充実した人生への欲求と実現
一致した時に生まれる労働価値観
漠然と目指す将来
働いて感じる・作られる労働個性
1.仕事の本質との出会い
(利益の根源と内的満足)
2.充実・達成感・開発・成長の姿
能力の発揮と一致の欲求
労働社会人の成長
内的報酬欲求(外的報酬以外に必要で、働く過程で知ることが多い)

え始めたばかりです。さらに、どんな仕事がしたいのかについても、情報だけあって、優先順位がつけられない、未整理の状態にあります。興味がある程度わかり、やってみたいことがあっても、今度はなかなか自信をもって踏み出すことができません。

すると多くの人は、会社の知名度や、安定度、給与、待遇、親のすすめ（親を安心させたい）などといった、外的報酬に比重を置いた判断で就職先を選んでしまいます。しかし、会社にはさまざまな仕事がありますから、しばらく働き続けるうちには、仕事と自分の能力がマッチする喜びや、充実感を味わえるようになってきます。

縦軸の外的報酬と、横軸の内的報酬の関係は、内的報酬が外的報酬を追いかけるような形で伸びていくのだと思います。

■外的報酬だけで、働き続けられるのか

働くことは、確かに生活していくためのお金を稼ぐ手段です。それは間違いありません。けれども人間は、お金を手にしただけでは、それがどんなに大きな額でも仕事に満足することができないのです。その仕事でやりがいを感じたり、大きな充実感や満足感を得たり、自分が成長したと感じたりしないと、本当に満足はしないものなのです。

極端な例ですが、仕事において、他人を騙《だま》したり犯罪まがいのことで大金を手にして、人間は本当に満足できるものでしょうか？　私は違うと思います。というのは、私自身が今、金銭的な報酬を別にしても、もっと働きたい、もっと仕事がしたいという、突き動かされるような楽しさを感じているからなのです。

私はかつて銀行に就職し、そこで新人教育の仕事を経験しました。それから専業主婦として子育てに専念した時期を経て、もう一度地方公務員として職に就いてから、キャリア・カウンセラーの仕事を続けてきたのです。

キャリア・カウンセラーの仕事をするのに役立ったことは、専業主婦時代の経験であり、銀行員時代に私が仕事について学んだことでした。つまり自分自身の経験の中にある〈働く〉ことについての自分流の考えやアイディアを、これから働きたい、と思っている人たちをあと押しする仕事に生かしてきたのです。幸いその仕事は実を結び、私は次第に、仕事から得る満足感を大きなものにすることができました。そしてその継続が、次の仕事へと私を導いてきてくれたのです。

仕事というのは、そうして積み重ねていくうちに、満足度も楽しさも増していくものです。

私が仕事をするうえで大切だと考えているのは、外的報酬と内的報酬のバランスが、その人にとってうまくとれていることです。あくまで、その人にとってのいいバランスだ、という点を忘れないでください。

何年も働いて、仕事にやりがいを感じていても、やはり金銭的な見返りの少ない仕事では幸せになれない人もいるでしょう。その人にとっては、外的報酬のほうに傾いたバランスが心地いいのです。そうかと思えば、世間には知られていない会社でも、満足して働き続ける人もたくさんいます。その人たちにとっては、外的報酬より内的報酬のほうを重視する、というのが、いいバランスだということです（そもそも何を外的報酬ととらえるかも、人によって違うともいえます）。

その人の中で、この両方の報酬のバランスがほどよくとれてくると、どうなるのでしょうか。本人の仕事に対する気持ちは、有名な会社に入ったという見栄や、親を満足させたという小さな安心感とは遠く離れたところへきています。仕事を通じて、自分をもっと成長させたいという、人生そのものへの展望が開け、「仕事が楽しい」という状態になってくるのです。仕事をしたことで、新しい自分、新しい価値観が育ってくるのです。

仕事をすることで新たに得るこうした価値観を、私は〈労働価値観〉と呼んでいます。親から与えられたものでもなく、仕事をする以前に自分がもっていた価値観とも違う、働くことで自分がつかんだ価値観です。

繰り返しお話ししているように、人が学ぶのは学校だけではありません。社会に出て仕事をする中でも、学び続けることはできるのです。学び続けている人だけが内的報酬を得、その人なりの労働価値観を獲得することができるのだ、と私は思います。

■あなたはどんな労働価値観をもっているのか

ある就職支援セミナーで、一人の青年に出会いました。

私が二回にわたって行うセミナーでは、一回目は、

- 自分の興味を洗い出してみよう
- それについて、周りの人に話してみよう
- コミュニケーションを、怖がらずに工夫してみよう
- 社会人として一人前の大人になる努力をしよう

といった順番で、これから働こうとする人に必要な、基本的な部分を話します。彼は、その第一回目のセミナーで、朝から夕方まで、ついにひと言も話をせずに帰ってしまいました。

もう、こないかもしれない……と、私は心配でした。けれども彼は、具体的な仕事探しの話

をする二回目に、またやってきたのです。そしてまた、ひと言も話さずにじっと話を聞いていました。その彼が、セミナーが終わってから私のところへきてこう言ったのです。

「きてよかったです」

そして、訥々《とつとつ》とした口調で、こんなことを話してくれました。

「これから何をしたらいいか、少し見えてきました。前からやりたいと思っていたことに、トライしてみようと思います」

「それはどんなこと？　もしイヤじゃなかったら教えてくれる？」

「僕は、義手や義足を作る仕事をしたい、と、ずっと思ってきたんです」

彼は少し恥ずかしそうに、言いました。

私はよかった、と思いました。やってみて、ダメならダメで、それはいい。私という他人に向かって、こういう仕事がしたい、と言ったこと、その時点で彼はもう働くことに向かって第一歩を踏み出したことになります。何よりすばらしいのは、自分にとって仕事で大切なのは外的報酬より内的報酬なのだ、という自身の価値観のバランスを、彼が働く前から自覚していたということです。

■やりたい仕事は、実際にやってみないとわからない

相談にきたH君は、「やりたい仕事じゃなかった」と言っていますが、それは本当にそうなのでしょうか？　スタートラインに立ったばかりで、外的報酬と内的報酬の、自分なりのバランスもわからない状態で、判断できたのでしょうか？

H君に、私はこう言いました。

小島「やりたい仕事というものが、本当にキミには見えていたのかな？　それを見きわめてしまうには、ちょっと会社を早くやめすぎたかもしれないね。ここでまた、同じようにやりたい仕事だけを求めて就活をすると、うまくいかないと思う。

仕事には、外から見てわかりやすい報酬と、実際に働いてみないとわからない報酬があるの。キミは、外から見てすぐにわかる報酬でしか仕事を判断していないんじゃないかな。就職の入り口はそれで構わないけれど、今度仕事に就いたら、頑張ってもう少し長く働いてみて。それから見えてくる『やりたい仕事』が必ずあると思うから」

私は、こう考えているのです。

仕事は自分でやってみなければ、どんなものかわからない。そして、その仕事が好きかどうかも実際に働いてみなければわからない、と。

たとえば、広報部を希望して百貨店に就職した人が、美術品売り場に配属になったとします。その人は、マスコミに自社の情報を流したり、イベントの宣伝をしてもらうといった仕事を想像して、広報を希望していました。けれども、そういった仕事は、百貨店という物を売る仕事を知らないまま、できることではありません。自分が就職した会社が、どんなことで利益を上げているのか、それを知るには現場に出るに限ります。この人がもし諦めずに働き続ければ、売り場に立つことで、百貨店という企業が何をしている会社なのか身をもって知ることができるはずです。

さらに、売り場は仕入れとも連携して動きます。仕入れの仕事をうかがい知ることもできます。美術品売り場には、その店の大口の顧客や法人も訪れますから、まったく違う業種の人や、それまで知らなかった世界の人を知るチャンスもあるでしょう。また当然、画家や陶芸家とのつきあいもでき、百貨店が開く展覧会に関わることもできるかもしれません。「自分がやりたかった仕事ではない」と簡単にやめてしまえば、こうした仕事の広がりを経験することなく終わってしまうのです。

自分のやりたいことだけをやれる会社など、どこにもありません。会社に就職する、ということは、その組織の中でさまざまな経験を積み、会社が行う利益を生むための活動の一端を担う、ということです。どの部分を担うかは、社員が選ぶことではありません。会社が判断するのです。

むしろいろいろな経験ができるのは、会社組織だからこそ、と考えたらどうでしょう。働いたことのないときに想像していた「やりたいこと」以外に、やってみたらピンときた、という仕事に出会えるかもしれません。

ある程度働き続けた時点で「それでも、どうしてもこういう仕事がしたい」という気持ちがあれば、希望の仕事にたどりつく工夫もまた、それまで続けた仕事の経験の中から出てくるでしょう。

■人事異動をどうとらえるか

また、会社には必ず異動があります。三年、五年という周期でまったく違う部署へ移ることも珍しくありません。メーカーの資材管理部にいた人が人事部に異動になったり、アパレル販売の仕事をしていた人が新しくできた外食部門に移ることさえあります。社内の異動とはいえ、まったく新しい部署で、初めから仕事を覚え、人間関係を作らなくてはならないのです。これは新たに就職するのと、ほとんど変わりません。

異動が原因で会社をやめる人もいます。こうした人たちも「やりたい仕事をさせてもらえなかったから」という理由で早期離職する人と、根っこの部分は同じだと思います。与えられた新たな仕事をただイヤなものととらえるか、新しいことを経験できるチャンスと見るか、その人の姿勢が仕事を続けられるかどうかを左右します。

さらに異動の場合、異動になったこと自体を、自分に対するマイナス評価だと受け取るケースもあります。それまでの部署での仕事が評価されなかったから別の部署へ移されるのだ、と自分で勝手に理由を探してしまうのです。異動の理由を自分で探すのは禁物です。感情的になるのは無理もありませんが、新しい仕事に不満でも、新しい部署の人間関係がイヤでも、その会社が好きなら、やめないことです。

新しい部署でも、それまでの仕事で築いてきたスキル（技術）で使えるものは必ずあります。事務処理のスキル、対人関係のスキルなどはどの部署に行っても生かせるものです。異動になった部署がどんなに気に入らなくても、その部署でなければ身につかないスキルもまた必ずあるものです。

部署が変わっても、同じ会社にいることに変わりはない。そう思って、新しい仕事のスキルを身につけるチャンスだと思うことです。雇われて働く人間である以上、異動や新しい部署の人間関係をこちらから変えることはできません。変えられるのは自分のものの見方だけなのです。どうしても耐えられなければ、その期間は私生活を楽しむ、会社にいる時間は気分転換をうまくするといった工夫も必要でしょう。

仕事をやめるのは最後の選択です。心身共にまだ余裕があれば、また次の異動を待つという選択肢のほうが、長い目で見れば賢い選択だといえるでしょう。

仕事には、もちろんイヤなこともあります。でも仕事を通じて、新しいものを獲得し、成長しようとしている人なら、それをチャレンジとして前向きに受け止められるのではないでしょうか。そうした積極的な姿勢で仕事に立ち向かえば、仕事は必ず新しい自分を作ってくれるはずです。その信念が、私自身を今日まで仕事に駆り立ててきた原動力でもあるからです。

仕事をやめたい、と思ったら、三年後の自分の姿を思い描いてください。今から三年経って、あなたが街で昔の同級生にバッタリ出会います。そのとき、相手は聞くでしょう。

「久しぶり。今、何してるの？」

あなたはどう答えたいですか？

「いや、仕事をやめて、ちょっと充電期間、というか……」と言葉を濁したり、慌てて身を隠すのか。

それとも「家電チェーン店で、冷蔵庫や洗濯機の仕入れを担当してるんだ。白ものっていうんだけど、これが案外奥が深くてさ……」と、自信をもって話したいのか。

あっさり今の仕事をやめる前に、どうか考えてみてください。

第三章

こうすれば うまくいく 〈就活〉

ここまで進んできたら、いよいよ就職活動です。この章では、具体的に就職活動に役立つヒントについて、お話ししていきたいと思います。これから〈就活〉を始めようという人、今真っ只中で少し行き詰まりを感じている人には、ぜひ参考にしていただきたいと思います。また、就職しようとしている人の周囲にいる親御さんや家族の方も、彼らを支援するために就活への理解を深めてください。

■一般的な就活の流れ

最近の多くの就職活動（主として大学新卒者の場合）は、こんな流れになっています。

1　エントリー（応募）

今の若い人たちの親世代の就職は、まず志望する会社に出かけ、応募書類をもらうところから始まりました。八〇～九〇年代は、資料請求葉書を送ることから始めたものです。

現在は、〈ネット・エントリー〉が一般的になっています。つまり、初めから直接会社に出かけて行くことはほとんどありません。入り口はインターネットなのです。大手企業の場合、パソコン及びインターネットに接続できないと、応募することすらできないというのが実情です。企業のホームページの採用欄か、就職情報ウェブサイトから「興味がある」と応募の意思表示をします。これが〈エントリー〉です。

就職情報ウェブサイトに登録し会員になっていないとエントリーできないケースや、興味のある複数の会社に、ウェブサイトを通して同時にエントリーできるケースもあります。

エントリーした人だけに、各社から資料が送られ、会社説明会などの情報もネット経由でメールが送られてくるようになります。

エントリーをする段階で、志望動機や自己PRを書かせたり、「SPI」と呼ばれる能力・性格などを見るためのテストを、ネットを通じて応募者に課す会社もあります（テストのページを開いたとたんにタイマーが作動し、時間が制限されることも）。この時点で応募者の選別が行われる場合もあり、事前にその業界や会社について調べたり、志望動機をきちんと書く練習をしておくべきでしょう。エントリーは一社につき一回だけだからです。

エントリーの前に、〈仮エントリー〉を行い、先に説明会やセミナーを開く会社もあります。

2　就職セミナー・会社説明会への申し込み

現代の就活では、実際に会社に出向くのは、各企業の就職セミナーや会社説明会が最初の機会になります。ここに参加しないと次へ進むことはできません。

説明会では、文字通りの会社説明のほかに、会場で〈エントリー・シート〉（応募書類）や作文を書かせたり、筆記試験を行う場合もあります。

3　エントリー・シート（応募書類）の提出

応募者は、〈エントリー・シート〉と呼ばれる、それぞれの会社が独自に作った新卒者向けの応募書類の提出を求められます。説明会で配られたり、応募者本人がホームページからダウンロードして書き込むことになります。このシートの提出そのものを、エントリーとみなすこともありますし、エントリーしてから、シートに書き込んだうえで郵送するという場合もあります。

履歴書を兼ねることが多く、質問項目はさまざまですが、必ずあるのが「志望動機」「自己PR」「在学中に力を入れて取り組んだこと」「やってみたい仕事」などの項目です。エントリー・シートの内容を見て、採用側は次に招集する応募者を選別します。

中小企業や中途採用の場合、エントリー・シートという形をとらずに、市販の履歴書で代用し、郵送で応募するケースもあります。特に既に働いた経験のある人の場合は、応募書類のほかに職務経歴書などの提出が必要になることもあります。

4　筆記試験

面接の前の関門です。ここで応募者の選別をし、面接に進む人数を絞ります。一般教養、「SPI」などの言語能力と数学的（非言語）能力の試験、適性検査、小論文などが多く行われています。

筆記試験に関しては対策本もたくさんありますし、ある程度の準備は必要だとは思いますが、私は試験対策に時間をかけるくらいなら、自分について掘り下げたり、世の中にどんな仕事があってどんな職種があるのか調べたり、会社について情報を集めたりすることに手間をかけ、自分自身の就職へのモチベーションを高めたほうがいいと思っています。筆記試験に受かるだけの力をつけてから就活をしよう、などと思っていたら応募期間が過ぎてしまった、ということにもなりかねません。

5　面接

筆記試験を通過すると、ようやく面接です。通常一〜三回程度行われます。応募者一人に複数の面接官が当たる〈個別面接〉、複数の応募者に複数の面接官が当たる〈集団面接〉の二種類があります。

またこの変形として〈集団討論（グループ・ディスカッション）〉を実施する会社もあります。これは四～六人程度の応募者ごとに、あるテーマを与え、応募者同士の討論を複数の面接官が観察するというものです。

こうした面接が繰り返され、選別され、最後にたどりつくのが〈最終面接〉です。役員や部長クラスが面接官として登場します。この最終面接までたどりつけば、ほぼ採用が決まったと考えられます。入社の意思があるかどうか最終確認をする場です。

6　内定通知

最終面接が終わると、通常は一週間以内に内定通知があります。電話か手紙（最近ではメール）で通知されます。これで就職活動は終了です。

■会社説明会の一〇〇％活用法

このように、最近の就職活動では、インターネットは必須アイテムになっています。ほとんどの学生は、就職活動を始める場合、まずネットで多くの会社のホームページをチェックし、情報を集めます。

インターネットはパソコンに向かっているだけで多くの情報を集めることができる、たいへん便利なものです。ただ、ネットで情報を取るには、自分が何を求めているのか、かなり具体的に絞り込んでいく必要があります。「どんなことに興味があるか」から始まって、それにマッチした仕事を探し出し、そういった仕事ができる会社はどこか、というところまで、自力でたどりついている人なら、ネットの情報も有効に活用できるでしょう。

でも、まだ自分の興味はどこにあるのか……と、うろうろしている人には、脈絡のない情報を山ほど集めるだけのことになりかねません。自分自身についても、世の中にどんな仕事があるのかということについても、よくわかっていない状態では、ネットの情報は宝の持ち腐れになってしまいがちです。

現実社会についてよく知らないのは、ニートのように社会との接点が少ない人だけではありません。新卒で就職活動をする人も、またしかりです。そんな人たちには、私はまず、会社説明会へ行き、仕事について全般的な知識を得るようすすめます。いわば世間知らずの人たちにとって、就職活動は社会を知る、最初で、しかも最高の機会だからです。社会＝会社のほうから、中へ入れて説明までしてくれることなど、そうはありません。二〇社、三〇社と回って仕事についてよく理解したうえで、最後に会社を選べばいいのです。

会社説明会には、単独の会社が開くものと、合同説明会とがあります。

単独の会社が開く説明会は、就職活動の流れの中で述べたように、これまでは、正式なエントリー後の会社説明会や就職セミナーがほとんどでした。こうした説明会は、既に選考のワンステップに組み込まれているものです。

ただ最近は、エントリーなしで、仕事に対する理解を深めてもらうことを目的に企業が開く説明会も増えています。これは選考を伴う会社説明会や就職セミナーとは別に「オープンセミナー」と呼ばれ、気軽に参加することができます。時期も、就活が始まったばかりの秋口から冬にかけてと、二～三月に集中的に行われます。仕事についての知識を増やしたい就活初心者には、自分で行動して情報を集めるいい機会だと思います。その会社だけでなく、業界についての知識や情報をじかに得ることができますから、積極的に参加したいものです。

同じように、仕事や業界について知りたいという段階の人には、合同説明会がおすすめです。異業種の会社が合同で開くものもありますし、業種別、地域別に開かれる場合もあり、さまざまなケースがあります。

現役の大学生にとっては、大学で開かれるものが参加しやすいでしょう。四月から六月くらいまで、何度か開かれます。多くの企業が、広いスペースにそれぞれのブースを設けたり、いくつもの教室に分かれたりして時間ごとに説明を行います。採用担当者や、その大学のOBが説明に当たる場合も多いようです。

こうした大学と企業が連携して行う合同説明会のほか、県や市といった地方自治体や、就職支援会社主催のものもあります。こちらは時期も通年で開かれており、首都圏を例にあげれば一ヶ月に一〇ヶ所以上で開かれています。どの合同説明会にも共通しているのは、「今、人が欲しい」と真剣に考えている会社が参加している、ということです。大企業だけでなく、中小企業も多く参加します。

さまざまな業種の企業に触れられるのが、合同説明会のいいところです。できるだけ多くのブースを訪ねてみましょう。食わず嫌いはしないこと。実際にどんな業務が行われているのかよくわからない業種や、今まで知らなかったために興味がもてずにいた企業も、たくさんあるはずです。インターネットを通じて、一方的に送られてくる情報ではわからない、自分の印象や感想を通した生の情報を得られる貴重な機会です。人が集中しているところばかりでなく、人があまりいないブースも訪ねてみてください。そして、情報収集をします。

「御社では、どんな仕事をしていらっしゃるのですか？」

「求めているのは、どんな人材ですか？」

といった質問をぶつけてみましょう。

どうしても入社したい、という会社の面接試験まで進んだ段階で、こんな初歩的な質問はしないほうがいいと思いますが、合同説明会なら大丈夫です。そして、仕事の内容、求められている人材といった情報を収集するだけでなく、それぞれの担当者の話を聞いて、自分が感じたこと、考えたことをあとからよく整理しておきましょう。

これが、実際に働いている人と接することができる説明会の強みです。社員の人と直接話をすると、その会社の雰囲気が感じられます。もちろん、自分でもっと知りたいことがあれば、具体的に質問することもできます。仕事についての知識を集めるだけでなく、社員の印象の違いなどもこうした説明会でつかむことができるでしょう。そうした感想や印象は、自分自身が仕事や会社を選ぶうえで、大事な材料になります。

会社説明会の主な目的は、学生に業界やその会社についての情報を得てもらい、理解を深めてもらうためなので、企業の側も必ずしも選考の場にはしていない場合もあります。

ただ、自分が就職したいという会社が参加すると事前にわかっている場合は、説明会でも相手方に好印象を残す努力をしてもいいと思います。

たとえば、事前に説明会の内容がわかる資料を手に入れて、興味のある企業のブースの場所を確認しておきましょう。そうすれば、当日迷わずブースにたどりつき、一番乗りの学生という印象を強く残すこともできます。もちろん、企業の情報もきちんと集め、そうした情報を織り交ぜながら、担当者の興味をひくような質問をすることも大切です。

こうした事前準備は、説明会で得る情報をそれ以後活用するためにも必要です。広い会場で行われる説明会では、会場に着いてからパンフレットを開いてブースを探すようでは、効率よく回ることもできませんし、担当者の説明もただ聞いているだけになってしまうからです。会社説明会は、直接その会社とそこで働いている人に接触できる、またとないチャンスです。お目当ての会社がある場合は、充分な準備をして臨んでください。

■インターンシップを活用する

〈インターンシップ〉とは、現役の大学生を対象に、企業が一定の期間、職場で仕事を体験させるものです。低賃金で単純作業を担うアルバイトとは違い、その会社の実際の仕事の場に参加させ、仕事に対する意識の形成や、将来の職業についてのプランを具体的に考えてもらおうというのが主な狙いです。体験が目的ですから、原則として無給です。交通費、食事代などが支給される場合もありますが、例外だと思ってください。

平成一七年版労働経済白書によれば、二〇〇二年度の大学生におけるインターンシップ体験学生数は三万人を超え、実施大学の比率も四六・三%にもなっています。

最近では、大学三年生、それに修士一年生が対象となることが多く、中には大学二年生から参加できるものもあります。期間は夏休みなどを利用し、二週間から一ヶ月程度というものが一般的です。それでも、企業によってさまざまな期間の設定がありますから、大学の就職課などで、よく調べてください。

募集の仕方にもいろいろあります。大学が主体になって、参加する学生を選考したうえで企業に送り出す大学型、学校を通さずにインターネットのホームページなどで企業が独自に募集し選考して行う公募型、学校と企業が連携して企画し選考は企業が行う中間型、この三種類が主なものです。人気企業の公募型インターンシップなどでは、応募者が多いために、書類審査や面接を行うところもあります。

インターンシップが、会社説明会や、そのほかの情報収集と違うのは、仕事そのものを自分で体験できるという点です。限られた期間で、どんな仕事を与えられるか、またどの程度の体験をさせられるかは会社によりまちまちですが、実際に第一線で仕事をしている人たちと接して、同じ場で体験することは、現実の仕事の空気を知るまたとない機会だと言えるでしょう。

最近では、一般企業だけでなく、官公庁や地方自治体、NGOなどでもインターンシップが行われています。自分の体験から具体的な仕事のイメージをつかみ、就活を始める前に、おおまかな職業生活のプランを立てるために役に立つ経験になると思います。

■OB訪問

新卒者の就職活動の一つに、〈OB訪問〉があります。これは、自分の大学の卒業生が働いている企業を訪ねて、その先輩に生の話を聞くものです。個人的な知り合いである必要はなく、ゼミの先輩であるとか、教授や就職課、またサークルなどを通じて紹介してもらうこともできます。

まずは自分で電話をし、会ってもらう約束を取りつけます。仕事中に会社へ電話をするわけですから、話すことをきちんと整理して、失礼のないようにします。また、電話をかける時刻も、会社によって違いはありますが、始業直後や終業直前などの忙しそうな時間帯は避けるようにしましょう。

「ではお会いしましょう」と約束をもらえたら、その会社についてよく下調べをし、質問事項をコンパクトにまとめておきます。実際に働いている人に、同じ大学の出身という、いわば縁があって話を聞けるのですから、ＯＢだからこそ教えていただけることを聞かせてください、という姿勢で、礼儀正しく質問しましょう。

たとえば、その企業の福利厚生の実態や、女性であれば結婚、出産後どのくらいの人が働き続けているか、この会社に入ってよかったと思うかなど、本音を聞くこともできるでしょう。

また、その先輩が就職したときに、どんな活動をして、どんなところに気をつけたかという就職活動についての具体的な質問や、入社してから感じたギャップなどについて聞いてもいいかもしれません。

それからぜひ質問してほしいのが、その先輩が実際に働いて感じている充実感、働く喜び、仕事による成長といった部分です。社会に出て働いた経験のない人にとって、そうした話は厳しい就職活動を乗り越える何よりのエネルギーになるでしょう。

話を聞かせてくれた先輩には、必ずすぐにお礼状を出します。貴重な時間をわざわざ割いてもらったのですから、当然のことです。ＯＢ訪問を採用担当の部署でチェックする企業もあるようですが、就職に有利になるというものではありません。ただ、熱心さは当然印象に残るでしょう。大切なのは就職に有利かどうかではなく、その会社で働いている人の生の声を、本音に近いところで聞けることにあります。その点を忘れずに、チャンスがあれば積極的に訪問するべきです。

忘れがちなのが、就職が決まったあとの挨拶です。その会社を受けて入社が決まった場合はもちろんのこと、ほかの仕事に就くことになったとしても、必ず報告とお礼をしましょう。たとえ学生であっても、誰かに時間を割いてもらったことに感謝するという社会人としてのマナーを忘れてはいけません。

大学の中には、学内へOBを招いて自由に質問ができる場を設けているところもあります。こちらのほうも参加して、有効に活用したいものです。

■表に出ていない求人を探そう

正社員の採用というと、高校、大学卒業前に一度あるだけ、というイメージをもっている人が少なくありません。しかし最近の採用時期は通年化しています。

大学生を例にとると、大学三年生の秋にスタート、翌年の春には新卒採用が一段落します。しかしこのあと、〈第二次新卒採用〉と呼ばれる採用が四月から一〇月まであります。これは多くの大企業でも行われており、それまでの時期に内定が取れなかった学生や、出遅れた学生の中からもう一度人材を探そうというものです。海外の大学を卒業した学生なども対象になります（「第二新卒」というよく似た言葉がありますが、これは学校を卒業して一度就職した人が、短い期間で退職し、新たに求職活動をすることを意味しています）。また前述したように、地方自治体や就職支援会社主催の合同会社説明会は、ほとんど毎月開かれています。正規の採用時期を逃してしまった、と思っても、まだまだ諦めてはいけません。

そして、これはと思った会社が、その時期、自分の希望する職種の募集を行っていないとわかった場合でも、可能性がゼロというわけではないのです。

就職が決まらないまま留年し、翌年、「今度こそ正社員として就職を」と意気込んだものの、芳しい結果が出ずに私のところへ相談にやってきた男性に、私はこんなアドバイスをしました。

「あなたは総務畑の仕事がしたい、と絞り込んで仕事を探しているのね。どんなところで探したの？」

「企業のホームページや、求人情報誌です。でも『総務を募集』という会社はなかなか少なくて。営業ならいくらでもあるんですが」

「営業を募集している会社の中に、あなたが働きたいと思えるところはあったの？」

「はい」

「そうなんだ。あのね、『潜在求人』という言葉があるのを、知ってるかな……」


ある会社で営業職を募集しているとします。営業というのは、その会社の製品やサービスを紹介し、販売する仕事のことです。一般的には、営業はあまり人気がないのが最近の傾向のようです。ノルマや、売り上げ実績の要求などがきついというイメージがあるせいでしょうか。

そこで少し考えてみてください。営業を募集しているとしたら、その会社は営業の人数を増やそうとしているわけです。ということは、その業務をバックアップする部署、総務や経理といったところの仕事も当然増えるはずなのです。そうなると営業を募集している会社では、いい人がいれば、ほかの部署に人を採ってもいいと考えている可能性があります。

これが、〈潜在求人〉と呼ばれるものです。


「だから、自分が希望する職種の求人が表に出ていなくても、自分に合いそうな会社が見つかったら応募してみたらいいと思うのよ。面接では、『実は自分は営業ではなく、こういう仕事を希望している』と言ってみて。あるいは事前に、『営業を募集しておられるけれども、ほかの職種の採用は考えていらっしゃらないのですか』と聞いてみてもいい。『ない』と言われるかもしれないけど、『今は予定がないですが、一応書類だけ送ってみてください』と言ってくれる可能性もある。やってみる価値はあるでしょう」

学生が一斉にリクルートスーツに身を包んで街を駆け回る時期に、就職を決めるのも一つの方法です。でも就職には、時期も方法もまだたくさんの道があるのです。自分の興味や好きになれそうなことをきちんと見きわめて、じっくり会社を探し、熱意をもって当たってみれば、一般的にはどんなに不利といわれる経歴であっても、必ず就職することはできます。

大切なのは、自分がそれまで受け身で得てきた、就職や仕事に関する情報に振り回されないことです。働くのはあくまで自分であり、その自分に合った仕事（そして会社）を探し出せば、働き続けるうちに必ず新しい自分を見つけることができるのです。

■売り込みが苦手?!

正社員ではなく、アルバイトやパートとして働き続ける人がフリーターです。この呼び名が定着してきたのはここ一〇年ほどのことです。そもそもの語源は英語の「フリー」にプラス、ドイツ語の「アルバイター」で、言葉が一般化した当初は、自分の時間を自由に使うために都合のいいときだけ働くという、束縛されない生き方を自主的に選択した、というポジティブな印象がありました。

ただ、フリーター生活一〇年というような人が現実に存在するようになってみると、正社員の三〇%ともいわれる低い年収のために、何歳になっても自活できない、あるいは決まり切った補助的な仕事しか与えられないためにいつまでも働き手として成熟しない、といった問題点が、目に見える形で表れてきています。

フリーターの人たちも、その多くは正社員として就職することを望んでいます。実際に就職活動もするけれどどうまくいかない、結局またアルバイト生活に戻る、というパターンが多いようです。私のところへも、そうした人がやってきます。今年三〇歳になる、フリーター経験の長いある男性は、こんなふうに言いました。

「本当にやりたい仕事が見つかるまでのつなぎのつもりで始めたアルバイトが、もう八年になりました。アルバイトといっても一日八時間、週五日の勤めですし、仕事の内容も正社員とそんなに変わらないんです。でもやはり保障がないですし、学生の頃の友だちには家庭をもって子どものいるやつなんかも出てきて、そういうのを見ると不安になるんです。このまま一生いっちゃうのかなって。

これまで何度も就職活動をしたんですが、うまくいきませんでした。面接どころか、書類の段階ではねられることも多かったんです。最近の就活は自己PRがうまくできないとダメだと聞くんですが、そういう売り込みみたいなものが僕は苦手で。先生、なんとかならないでしょうか」

「八年もアルバイトとして、正社員並みの仕事をしてきたのね。それなら働くことについては、既に充分経験済みだということね。そういう人ならぜひ採りたいという会社は必ずあると思うわよ。あなたがこれまで求人に応募しても失敗してきたのは、本当に自己PRが下手だったせいかな？　自己PRは売り込みとは違うもの。応募するなら、相手が何を求めているかよく考えて、自分について説明する必要があるでしょう。そういう準備が足りなかったのかもしれないね。そういう観点から、あなたの応募書類や、履歴書を点検してみようか？」

この男性はこれまで、工場、引っ越し会社、コンビニとアルバイト先を替わってきたのですが、現在は運送会社への就職を希望しています。引っ越し会社とコンビニの仕事で、物流に興味をもったことが理由で、やりたい仕事も希望の職種もはっきりしています。

となると、問題は彼の言うように、いかに選考に残る書類を作るか、いかに面接で自分について上手に語れるかということになります。ですが、本当に就職の可否を決めるのは、応募書類や面接でのテクニックなのでしょうか？

私は、そうした応募書類の書き方や面接のテクニックがすべてではない、と思っています。こうすればうまくいく、などという万能の方法は就職活動にはありません。なぜなら、就職活動には応募者や志望する会社によって、それぞれふさわしいやり方があるからです。

ただ私が彼に言ったように、相手が何を知りたがっているか、よく考えて準備するということは、書類を作るときも、面接のときでも必要です。それが本当の自己ＰＲだと、私は考えています。

■会社の求人の意味

前述したように、就職は、まず自分が何に興味があるか、どんな仕事なら好きになれるかを探るところから始まります。そしてそうした自分にマッチした仕事を探し、会社に行き着く、というのが、順序でした。

さあ、いよいよ就職活動が始まります。自分が見つけ出した会社は求人をしているでしょうか？　インターネットやハローワーク、学校の就職課などで求人募集を確認してください。求人があることがわかったら、どんな人材を求めているのか、それを調べます。

会社というところは毎年決まった人数を、新人として採用しているわけではありません。それなりの計画があって採用人員を決定しているのです。たとえば「今年から、この事業に力を入れたい。だからこの部署の人数を徐々に増やそう。それには、新人の数もこのくらい必要だ」とか、「新規プロジェクトを立ち上げたい。その要員として人を集めてチームを作るので、その穴埋めに新人を採って補強しておきたい」といったプランが、まずあるのです。

もっと現実的な話をすれば、「今期、会社の収益はこれだけだった。来期こんな事業計画がある。人件費に割けるのはこのくらいで、必要な人員で新たに雇えるのは何人まで」という、計算もあるわけです。

つまり、採用する側には、かなり具体的に欲しい人材（タイプと人数）のイメージがある、ということです。

ですから、その会社に入りたければ「こういう話し方をすれば好印象」という、外側の印象だけを取り繕ったり、お手本通りの履歴書をいくつもの違う会社にコピーして送っても、どうにもなりません。相手の求めているものに、どう自分がふさわしいと認めてもらうか、という点が問題になるのです。

それは、フリーター経験の長い彼が苦手だと言う「売り込み」とは違います。自分が就職したいと思っている会社が何を求めているかを研究し、それに自分がいかにふさわしいかをアピールすることなのです。正しい情報を先方に与え判断してもらう——これは就職活動としては、ごく当然のことだと思います。表面的なテクニックばかりに走った結果、うまくいかなかったり、自己PRという名の下に、面接で現実を針小棒大に語ってしまうと、自分でもウソ臭いような印象が残って、「売り込みは苦手」ということにもなるのでしょう。

その会社の求人の、何十人のうちの一人にもぐり込むためではなく、先方が求めている人材に自分がどれだけふさわしいかを説明するのが応募書類であり、面接なのです。そこのところをまずきちんと認識してほしいと思います。

求人の意味がわかれば、もしある会社に就職できなかったとしても、「こういう部門を充実させたい。そのための人材を採用したい」という、その年度の目的に自分が合わなかっただけだという考え方もできます。就職活動に失敗したからといって、自分がなんの能力もない無用な人間だ、と落ち込むようなことにはならないはずです。

1　応募書類について

■エントリー・シートや履歴書はなんのために必要なのか

それでは自分が就職したいと思っている会社にあてて、履歴書を書いてみましょう。

ここでは、会社によって書式がさまざまなエントリー・シートではなく、定型の履歴書に沿って説明をしていきます。ただ、書き込む内容は共通ですから、どういう内容をなんのためにどう書くのか、それぞれの応募書類を作る参考にしてください。もう既に、その会社がどんな人材を求めているのか、情報は集めてありますね。

毎日のニュースや新聞記事、インターネットのホームページ、会社説明会、先輩の話、その気になれば情報源はいくらでもあります。そのうえで、「それなら自分にはこんなところがあります、こんなことができます」ということを履歴書に書いていきます。

まず、履歴書を開きます。市販の履歴書の場合、大きく分けて左側は応募者自身の過去、右側はこれからの未来に関わる情報と考えましょう。左側には、これまでの学歴と職歴を書きます。

新卒ではなく、中途採用や第二新卒（三年未満程度の短期間の就職経験がある人）の場合、職歴については、どんな空白期間があろうと、アルバイトの経験しかなかろうと、就職しても短期間しか続かなかった過去があろうと、正直に書きましょう。その説明については、同じ欄に書いても構いませんが、自己紹介書や職務経歴書といった形で別に書いたものを添えたほうがいいと思います。

大切なのは右側、今後の自分の基礎になる部分です。ここには自分の経験や能力、あるいはその材料になるものを情報として盛り込んでいきます。だいたい次のようなものを書くことになるでしょう。

①日常生活の経験
②アルバイト・サークル活動などの経験
③趣味・特技
④資格

一つ一つ、見ていきましょう。

①日常生活の経験

これは前述したので、繰り返しません。自分ではごくつまらないと思えることでも、志望する会社がどんな人材を求めているのかを考えたとき、その意味で合致することがあれば伝えるようにします。

一つポイントをあげるとすれば、これまで繰り返し述べてきたように、仕事をする場で求められるのは、自主的に工夫して仕事ができる人材です。ですから、たとえ日常生活においても、時間の使い方や、生活の仕方を工夫したという経験は紹介する価値があるのです。

たとえば、ある大学生の女性は、通学時間をこんなふうに使った、という経験を書きました。

「私は毎日往復三時間かけて大学に通っていました。自由に使える時間の中ではかなり大きな部分を占めるこの時間を、なんとか有効に使おうと工夫してみました。電車が混んでいる時間帯は、TOEICのために英語学習のテープを聴いて過ごしました。また、とっている新聞を持って出て、すいた時間帯の電車の中でゆっくり読むようにしました。本など、ほかに読むものを持たないで出かけると、それまであまり読んだことのなかった株式欄や、経済欄などもじっくり読むようになり、途中からは経済新聞も読むようになりました。すいた電車の中で新聞を読む三時間。これが私の経済に対する新たな興味を育てることになったのです」

この人は、大学では心理学を専攻していましたが、ここで書いている通り経済に関心をもつようになり、証券会社への就職を希望しています。

②アルバイト・サークル活動などの経験

アルバイトやサークル活動についても同じです。既に述べたように、自分の思い込みだけで、「ここを伝えたい、ここが自慢です」ということを書くのではなく、その業界や会社が何を知りたいか、どんな経験をもった人を求めているかをよく考えて、まとめます。

輝かしい経験である必要はありません。アルバイトであれば、自主的に働く喜びを経験した、あるいは人に感謝された経験をして、他人の力になれるような仕事をしたいと思うようになったなど、「この会社を志望した理由、動機」の説明になるようなことが、誰にでもあるのではないでしょうか。

ある大学生の男性は、コンビニでのアルバイトの経験をこう書きました。

「私はコンビニエンスストアで二年間アルバイトをしました。理系の学部で授業が詰まっていたため、早朝から通勤時間帯のシフトで働き続けました。よく売れたのは冬の肉まんと、コーヒーメーカーでいれるコーヒーです。

　ある日突然停電になったことがありました。コーヒーメーカーの電源は大丈夫だったのですが、お客様の中には心配する人もいます。停電中に、コーヒーを買うお客様がいらしたとき、『大丈夫だと思いますが、私が先に味見をしてみます』と言って、自費でコーヒーを買って飲んでみてから販売しました。『いつも通り、おいしいですよ』とお客様に伝えると、安心して買ってくださいました。コンビニの仕事でも、人と人の交流は大事だと痛感しました」

　この人は、食品メーカーを志望して、お客様のことをいつも考えて仕事をしたい、という自分の仕事に対する姿勢を説明するために、この経験を書いたのです。

③趣味・特技

　仕事を得るための履歴書に、なぜこんな項目が必要なのか、という疑問をもつ人も多いことでしょう。私のところへ相談にくる人たちの中にも、履歴書のこの部分になると、ひどくおざなりに書いている人が目立ちます。たとえば「読書」「映画鑑賞」「音楽鑑賞」といった、ある程度知的で無難な事柄を書いて、それでよし、としてしまうのです。

　しかし、実はここはたいへん重要な部分なのです。会社はもちろん、その趣味や特技の中に仕事に生かせるものがあるかどうかを知るために、書かせているのではありません。知りたいのは、応募者の人柄、人間そのものなのです。

趣味も特技も、その人が好きなこと、夢中になってやっていることを示しています。人に強要されずに時間とエネルギーを費やすものだからこそ、そこには価値観がストレートに出てくるのです。仕事の場というのは、大勢の人間が寄り集まって一つの作業をする場所ですから、そこで働く人の人間性は大きな問題になります。そういった部分を、この趣味・特技の欄に書き込まれたことから、うかがい知ろうというのです。

たとえば以前、こんな例がありました。彼は新卒の大学生。高校のときから柔道をしてきたというだけあって、身体も大きく、黙っているとそばにいるのが怖いような風貌の人でした。その人が書いてきた履歴書の趣味・特技の欄に「料理」とあったのです。

「この料理というのは、どういうことですか」と尋ねると、

「僕は大学の四年間、一人暮らしをしていたんです。最初のうち、食事は下宿のおばさんに作ってもらっていたんですが、一年生の途中でおばさんが病気で入院してしまったんです。下宿生はほかに二人いたんですが、どちらも先輩で、仕方なく僕が料理を作ることになっちゃって。初めは面倒だったんですが、二人とも何を出してもうまい、うまいと喜んでくれるもんですか

ら面白くなってきて、野菜炒めとかチャーハンくらいしかできなかったのが、ビーフシチューですとか、エスニックな料理なんかにも挑戦するようになりました。おばさんは退院したんですが、手に少し麻痺《まひ》が残ったものですから、僕が家にいるときや休みの日は今でも料理は僕の担当なんです」

と楽しそうに話してくれました。

これはいい！　と、私は思いました。無愛想にも見える風貌とのギャップが、必ず面接官の印象に残るはずです。実はやさしい人柄なのだということや、研究熱心な性格が、この趣味の料理からストレートに伝わるからです。そのためには、単に「料理」と素っ気ない書き方をするのではなく、やはり文章で書いたほうがいいのです。たとえば——

趣味・特技／料理。下宿で四年間、朝食と土日の料理は私が担当してきました。皆の喜ぶ顔が励みになり、初歩的な料理から最近はタイ料理にまで挑戦しています。

というように書きます。ね、この人が見えてくるでしょう？

履歴書の右側は「私はこんな人間です。これから先、こんな能力を発揮する可能性をもっていますよ」ということを、知ってもらう部分です。ですから正直に書く必要があります。

趣味が映画鑑賞と書いてあるのに、最近見た映画を尋ねられて、何も答えられなかったのでは話になりません。また、読書や映画鑑賞、スポーツ観戦といった趣味は、それだけでは受身で楽しんでいるだけだ、と思われがちなことも知っておきましょう。そこから派生して「自分でも感想エッセイを書きためている」とか、「この映画監督が好きでいろいろ調べている」、あるいは「あるサッカーチームが好きでサポーターになって活動している」といった、その人の具体的な行動が見えるようなプラスアルファが必要です。

ともあれ、趣味・特技に書いたことは必ず面接で聞かれる、と思ってください。そのうえ、人は誰でも自分の好きなことについては、生き生きと楽しそうに話せるはずです。面接においての、そういった様子は、必ず面接官によい印象を与えることになるでしょう。

④資格

資格については、何も特筆すべきものがなくても、就職の場合、不利になることはありません。なぜなら、学生がもっているような資格で、仕事の場で即役立つようなものはほとんどないからです。企業もそれについて、大きな期待はしていません。たとえ、英語やパソコンの資格をもっていても、その業種、その会社の中での活用法を覚えなければ、使い物にはならないからです。

ただ、就職活動に自信がない人には、資格を取るために集中して努力したことや、資格という履歴書に書き込める具体的なものを得たことが自信につながる場合もあるので、取得する価値はあると思います。役に立つかどうかは別にして、です。

比較的取りやすく、仕事の基礎的な部分で無駄にはならないのが簿記の三級。人とのコミュニケーション能力に不安がある人なら、あえて人の役に立つホームヘルパー二級の資格に挑戦してみると自信がもてるかもしれません。

最近の学生の中には、そうした自信のない人とはまた別の意味で、いくら準備をしても、これで充分だ、という自信がもてない人もいます。「はじめに」の項で紹介したように、就職するためには、勉強はもちろん、アルバイト経験も、サークル活動も、インターンシップも、そして資格も取らなきゃならないと、何かに追われるように動き回って息切れしそうになっている人です。こうした学生を、私は密かに、いつも何かをしなきゃ、と追われているという意味で〈なきゃ系〉と呼んでいます。彼らにはやみくもに資格を取ろうとする傾向があります。資格は、その仕事に必要なものとして受け止めがちですが、「あってもいい」という程度で考えればいいと思います。

しかし、せっかく取るなら、役に立つ可能性のある資格を取りたいものです。志望する業界が決まったら、資格を次の三つの側面から考えるとよいのではないでしょうか。住宅メーカー、住宅業界を例に説明しましょう。

▼その業界の王道で、必要な資格→宅地建物取引主任者、リフォームアドバイザー、インテリアコーディネーター
▼仕事全般において、基本的に必要な資格→簿記、パソコン、事務や経理関係の資格。特に専攻科目に入っていないもの
▼その業界とは直接関係がないけれど、関連する部分・周辺部で活用できそうな資格→ホームヘルパー、福祉住環境コーディネーター

この三つのスタンスで資格をとらえ、さらに取得していると、その仕事を全方向から大きな視野で見ているとアピールできるでしょう。また、応募書類に資格を書くときに、余裕があれば、その資格を仕事の場でどう生かしたいかを書くのもいいと思います。

■自己PRの本質

自己PRというと、「自分はこれができます、あれもできます。自分はこういう人間です」と、大きな声でアピールすることだけのように思っていませんか。そんなふうに主張するだけなら、これはもう、押しの強い売り込みと同じです。

自己PRの本質は、そうではありません。自分はこういう人間だと声高にアピールするのではなく、「私は、よく人からこういう人間だと言われます。それはこういうことなんです」という形でアピールすべきだと、私は考えます。

たとえば、アルバイト先やサークル活動で、まとめ役としての働きに自信をもっている人なら、「私はまとめ役としての資質に自信をもっています」と言うのではなく、こんなふうに言います。

「アルバイト先の飲食店では、二年目からアルバイトをまとめる仕事を任されるようになりました。店の人から『キミは何かあっても、慌てずに落ち着いて判断を下せるから、まとめ役に向いている』と言われました。それはおそらく、私が夜のシフトに入っていたときに、お客様とアルバイトのウエイターがちょっとした口論になったことがあり、まずお客様におわびをし、ウエイターを引き離して別の場所で理由を聞き、もう一度お客様にわびて了承していただいた、そのときのことを評価してくださったのだろうと思います」

こう話せば、なるほどこの人の言う〝まとめ役〟という資質は、客観的にそう認められたものなのだなとわかります。また、自分から言うのでなく、そう「言われる」という表現は、押しつけがましくなく、自分を冷静に見ていると感じられるものです。

けれども中には、人に改めて語れるような資質など思い浮かばない、という人もいるでしょう。その場合も「人からこう言われる、こう見られる」というところへ視点をずらすと見つかるものがあると思います。

ある女子学生に、こう聞かれたことがあります。

「先生、私、旅行に行くといつもそこで出会う人から写真を撮ってください、とカメラを渡されるんです。変ですよね。でもこれって、資質、特徴と言えるんでしょうか」

「それはあなたの人柄を説明する立派な要素になっているんじゃない？　シャッターを押してもらえますかと、見ず知らずの人にしょっちゅう頼まれるというのは、それだけあなたが他人に対して心を開いている、ということでしょう。頼むほうだって、この人ならきっと引き受けてくれる、と判断するから頼むわけだもの。人からものを頼まれやすい、というのは立派なあなたの資質よね」

こういう人が自己PR欄に「旅先でしばしば人に『写真を撮ってくれ』と頼まれます」と書いたら、きっと採用担当の人は興味をもつでしょう。そして実際に面接の場面で彼女を前にして、なるほど、と思うはずです。そして「この人なら、どんな職場でも協調性をもってうまくやっていけるだろう」とか「人に受け入れられやすいことが、対顧客の仕事に向いているかも」と判断するのではないでしょうか？

ただ、どこへ行っても写真を撮ってと頼まれる、どこへ行っても道を聞かれるというだけで「なぜか」の説明ができなくては困ります。なぜか、ということは、自分で考えておいてください。「スキがあるからでしょう」とへりくだる必要はありません。「どんな人も受け入れます、という部分が、自分にあるからだと思います」と分析すればいいのです。

自分がどんな人だ、と周囲から言われているか？　その評価をヒントに考えてみてください。

こうした自己PRは、口頭でする場合は自分の言葉で語ればいいのですが、応募書類に書く場合には、もう少し抽象的な表現で文章化する必要が出てくることもあります。自分の能力や資質について一般的な表現で書く必要があるからです。きちんとした応募書類にするために、また面接で自分のことを上手に語れるように、ビジネスを意識した言葉に言い換えてみましょう。

まず、周囲から言われたことなどをヒントに自己分析して、自分にどんな要素があるか考えてください。

●あなたの自己分析……流行に敏感である／チャレンジ精神がある／結果予測ができる／独創的なアイディアを考えつく

これらは、「企画実行力」と言い換えられます。応募書類に書き入れるための用語に置き換えると、

「柔軟性があり、臨機応変に行動できる」

「自分から進んで自主的に行動できる」

「常に新しい発想と視点から物事を推し進められる」

「自分から課題を見つけ、即、行動に移すことができる」

といった表現になります。

●あなたの自己分析……責任感がある／的確な状況判断ができる／情報収集ができる／問題分析ができる／迅速な意志決定ができる／相手の話を最後まで聞くことができる／イヤなことでも前向きに対処できる／物事を多面的に見ることができる

これらは、「問題解決・クレーム処理力」ということで説明できます。応募書類のための用語に置き換えると、

「不平不満の根本原因をすみやかに解消できる」

「意見調整ができる」

「的確な状況判断ができる」

「相手の不平不満をきちんと聞き、折衝ができる」

「問題を全体として見ることができる」

「相手の立場で物事を考えることができる」

「不平不満を解消し、相手との間に信頼関係を築くことができる」

「自己管理が徹底している」

●あなたの自己分析……公平なものの見方ができる／向上心がある／聞き上手である／相手を理解することができる／信頼関係を築くことができる／自分のことを話すことができる／リーダーシップがある／物事をわかりやすく説明することができる

これらは、「プレゼンテーション・コミュニケーション能力」ということです。応募書類のための用語に置き換えると、

「複数の人間の意見をまとめることができる」
「物事を順序立てて、わかりやすく説明することができる」
「他人の仕事に協力できる」
「根気よく相手の話を聞き、的確なアドバイスができる」
「他人の相談にのることができる」
「目配りをし、気配りをすることが自分のモットーである」
「情報に敏感である」
「順応性が高い」
「人の和を大切にし、信頼関係を築くことができる」
「人間関係のネットワークを築くことができる」

自分がもっている特徴や資質を、こうした表現で書いたり、語れるように準備しておくと、きちんとした社会人だな、という印象を与えることができるでしょう。

そして、それを物語るエピソードも考えてみてください。ここでエピソードが何もないと、あまりに紋切り型になってしまい、書類審査や面接をする人の印象に残りません。

たとえば、ある男子学生は、運送会社の会社説明会後、提出した書類にこんな志望動機を書きました。

「御社の説明会に参加させていただき、『お客様の視点で、しかも瞬時に的確なサービスを作り出す』というお話に、私が学生時代コンビニエンスストアで接客と商品管理の仕事をしながら、常に考えて行動していたことと相通ずるものがあるのを感じました。

私が考えていたのは『今すべきことと、今後予測されることとの優先順位をつける』『お客様に求められてからするのではなく、自分からお客様に提供する接客』という二点でした。

仕事に優先順位をつけることで、私は『自分から進んで自主的に行動できる』ようになりました。また、こちらからお客様のニーズを察知する努力をするよう心がけるうちに『相手の立場で物事を考えることができる』ようになったとも思います。

学生時代に学んだ中で特に強い関心をもったのは流通システムのあり方についてです。実在の人、物、金の流通システムをさらに利便性、安全性共に増したものにし、そういったサービスを提供できる人材となれるよう努力を惜しみません」

相手が求めているものに充分応え、自分の人となりについてもコンビニでのアルバイト経験のエピソードを交えて語った、いい自己ＰＲ文だと思います。

自己PRを作ってみる! ── 自己PRは他者評価! から考えてみる ──

1 外見チェック(第一印象を改造)友人知人からのフィードバックで

- □ 明るく見える
- □ 一緒にいて楽しい
- □ 真面目そうに見える
- □ 暗そうに見える
- □ おとなしそうに見える
- □ 話しかけづらい
- □ やさしそうに見える
- □ 自己中心的そう
- □ キツそうに見える
- □ 怖そう

2 活動チェック(経験&学習&資格等)

- □ チャレンジ精神がある
- □ 情報収集ができる
- □ 責任感がある
- □ 独創的なアイディアを考えられる
- □ 嫌なことでも前向きに対処できる
- □ 部活動をしている
- □ 留学したことがある
- □ ボランティア活動をしている
- □ 資格をもっている
- □ アルバイトをしている

3 内面チェック(趣味&コミュニケーション等)

- □ 聞き上手である
- □ 意見調整ができる
- □ 自分のことが言える
- □ 信頼関係を築ける
- □ わかりやすく物事を説明できる
- □ 公平なものの見方ができる
- □ 物事を多面的に見ることができる
- □ 向上心をもっている
- □ 読　書
- □ 音楽鑑賞・楽器演奏
- □ スポーツをする(または観戦)
- □ 料理・お菓子作り
- □ 絵を描くこと
- □ 映画鑑賞
- □ 旅行をすること

自己PRを作成するためには、他者評価から考えるといい。人からどう見られるか、をまず考え、実際の活動や自分の趣味などと組み合わせて、1分くらいで語れるようにしてください。たとえば──「私は、人からおとなしそうに見えると言われるのですが、大学時代にはイギリスに短期留学したこともあり、チャレンジ精神があると思います。また、人の話を聞くことも大好きで、人との間に信頼関係を築くことが得意だと思います」

2　面接で求められるもの

■自分の弱味は、自分から先に話す

書類選考を通過し、筆記試験も通ると、面接があります。これは、就職試験においていちばん重要なものだと言っても、過言ではありません。

ここでまず心に刻みつけておいてほしいのは、面接はテクニックではない、ということです。面接官は、何年もその仕事をしているとすれば、何百人も、いや何千人もの入社希望者を見てきたプロです。付け焼き刃の「面接必勝法」は通用しない、と思ってください。

大切なのは「隠し事をせず、正直に自分について話す」という心構えです。そんなこと当たり前じゃないか、と思われるかもしれません。本当にそうでしょうか。

新卒の応募者ではない場合、それぞれ事情があります。長い間フリーター生活を送ってきた人や、社会に出る勇気がもてずにニートの状態を何年も続けてきた人、公務員試験に浪人して空白期間ができた人、大学卒業までに就職が決まらず翌年再チャレンジするために留年した人などは、そういった過去について、普通話さずにすむなら触れずにおきたいと思うものです。

けれども、書類にはその空白期間について書かないわけにはいきません。そのうえ、面接官は応募者が聞かれたくないと思うことほど、真っ先に知りたいと思うものです。

新卒の人でも、事情は同じです。大学の専門科目と志望する職種にまったく関係がない。学生時代にこれといって熱心にやったものがない。アルバイト経験が少ない。成績にも見るべきものがない。自分のエントリー・シートには、「○○大学入学と卒業見込み以外に何もないではないか」と愕然とする人もいるはずです。しかし面接では、間違いなく書類に書かれていない「謎」の部分を、まず聞かれます。そのとき、どう答えるか。ここで「正直に」ということが重要になってくるのです。

私はいつも、「聞かれる前に、自己開示してしまいなさい」とすすめています。

自己開示は文字通り、自分をさらけ出す、ということです。相手から聞かれる前に、というのが、ポイントです。質問されてから答えたのでは、どうしても「今まで黙っていましたが、実は」と、言い訳めいてしまいます。逆に、聞かれる前にこちらから説明してしまえば、相手は「自分のことをよく分析、理解している」とむしろ評価してくれるのです。

たとえば、学生時代から続けたファミリーレストランのアルバイトを卒業後も続けて、就職せずにきた女性は、二六歳になったとき慌てて私に相談にやってきました。

「先生、私は店の中で今ではいちばん古いんです。店長にも信頼され、いずれは正社員に採用してあげるから、そのときは力になる、と言ってくれていました。ところが、その店長が異動になって、先月から私より年下の正社員が新しい店長になったんです。ショックでした。仕事はやりにくいし、正社員の話もうやむやになってしまって。それでやはり仕事をするなら正社員にならなくてはダメだ、と思いました。でも、この五年近いアルバイト生活のことを面接で聞かれたら、ものすごいマイナス材料ではないでしょうか。それを考えると、どうしたらいいかわかりません」

その女性は、前の店長に信頼されていたというだけあって、仕事にも積極的に取り組んでいた姿勢がうかがえました。外食産業そのものに興味も抱いて、通信教育で勉強し、レストランサービス技能士の資格も取りました。私は、それだけの熱意があるなら、ほかの外食産業に応募してみてはどうかとすすめ、面接では「聞かれる前に自己開示」を心がけるよう話しました。

その女性はどうしたか。面接官の前でまず、こう言ったそうです。

「普通、五年近くもアルバイトを続けてきた人間を、採用しないと思います」

興味をひかれた相手に、彼女は続けて、

「でも、私は五年間働いて、正社員と同じ質と量の仕事をこなしてきたと自負しています。けれどもアルバイトでは店長並みの仕事をしても、店長にはなれません。レストランサービス技能士の資格を取りました。やはり大好きな外食産業で、正社員として働きたい、と思ったからです。私の五年間はブランクではありません。五年間現場で働いた社会経験があります。新卒者よりもすぐ御社の役に立てると思います」

と語ったそうです。大きなハンデになりかねない状況を、それが不利だとわかっていると認めてしまう。そのうえで、自分の経験と能力について説明する。それが自己開示から始まる自己PRなのです。

半年で会社が合わずにやめてしまった男性でも、こう言うことはできます。

「私の選択が間違っていたのです。会社にも迷惑をかけてはいけないと、自ら早い時期に退職しました」

そして、そのあと、自分がどうやって能力を生かせる仕事を探したか、その能力をさらに磨くためにどんなことをしたか、といったことを伝えればいいのです。経歴のマイナス面を消すことはできません。その代わり、なぜそうなったかをきちんと説明できること。そして、そこから新たな就職を目指して面接に臨むまでの経緯と自分の考えを分析、解説できること。大切なのはそこに表れる、その人の資質や人間性なのです。

■採用側の知りたいこと

それでは、採用側は面接で応募者の何を知ろうとしているのでしょうか。これを考えることは、面接官とよいコミュニケーションをとるために欠かせません。

まず採用側が知りたいのは、その人がなぜ応募してきたかという〈志望動機〉です。ここでどれだけの熱意を示せるかが鍵になります。

それは「どうしても入社したいのです。よろしくお願いします。お願いします」とひたすら頭を下げることではありません。自分について充分考え、その会社についてどれだけ調べ、理解しているか、ということです。その会社に入りたいという熱意が強ければ、相手についてできるだけ知ろうとするのは当然です。熱意とはそういうことではないでしょうか。

また同時に、世界の動き、社会の動向、業界全体の傾向などについて、その人なりに理解していることも必要になります。社会人として独り立ちしようとしている人なら、当然興味と知識をもっているはずの情報だからです。

その会社が「有名企業だから」というだけの理由で、安定を求めて志望してきた人と、その会社の業務内容や職種に、自分とよくマッチしたものがある、と探し当てて志望してきた人とでは、受け答えに大きな違いが出てくるでしょう。

たとえば、「御社が家電業界のリーダーだからです」としか言えない人と、「御社がこの三年間に発表された新製品には、地球温暖化防止に貢献できる技術が多く使われていることに深く共感しました。これからの家電メーカーには、環境を守るという視点が欠かせない、と自分なりに考えています。家電リサイクル法にいち早く反応した姿勢にも感銘を受けました。ぜひ御社で働きたいと考えて志望したのです」と言う人と、どちらが会社側に強い印象を残すかは言うまでもありません。

さらに面接では、あなたは何ができるのか、が聞かれます。その人の「経験や能力」です。既に働いた経験のある人には、具体的に、その会社で生かせる経験や能力があるかどうかが問われます。新卒者は仕事についての経験や能力はありませんから、「仕事の能力につながる可能性のある経験」ということになります。学生時代にサークル活動やアルバイト、大学での勉強を通じて、どんな経験をし、何を身につけてきたか、ということをアピールしなければなりません。

特に、会社側が知りたいことは二つあります。一つは、その人が仕事というものをどう考えているか。仕事に取り組む姿勢です。新卒者でも、就活に取りかかるまでによく考えていれば、ちゃんと答えられる質問だと思います。

そしてもう一つは、第二新卒者、新卒者どちらについても、人間関係をうまくやれる能力があるかどうかです。仕事をこなす能力は就職してから伸ばすことができますが、人間関係についての能力はすべての仕事の土台として必要だからです。経験や能力について聞いていても、面接官はいつもこの二点を判断しようとしていることを忘れないでください。

■すばらしい経験だけが、語ることじゃない

面接においても答えの質を左右するのは、いかに掘り下げた説明ができるかということです。面接で語るような能力や経験というのは、誰もが驚くようなすばらしいことでなければいけないと思いがちですが、そうではありません。

平凡な日常生活の中でも、私たちはいろいろなことに気づき、工夫し、改善するということをしているはずです。働いた経験がないから、人が驚くようなすばらしい経験をしたことがないから、語るべき経験も能力になる可能性も何もない、というわけではないのです。仕事もま

た、日常生活の経験の延長線上にある、とは第一章で説明した通りです。

それでは、相手が知りたいと思うような経験について、ただ話せばいいのでしょうか？　それも、違います。

たとえば、経験はしただけでは、「経験」とはいえません。旅行に行ったとしましょう。「面白かった」とするだけで、それが経験として自分の中に残るでしょうか？　また他人に伝えることができるでしょうか？　私はいつも就職の相談にやってくる人たちに言うのです。一つの経験をしたら、次のようなことぐらいは言語化してみましょう、と。

- なぜその経験をしたのか（なぜそこへ行ったのか、なぜその行動を選んだのか）
- 何を期待していたのか
- どんな人がいたのか
- どんな場所だったのか
- それはいつだったのか
- どんなことをしたのか
- どんな発見があったのか

・疑問に思ったことはなんだったのか
・それで何か工夫をしたのか

大切なのは、経験や能力の内容より、それを伝える表現力だと私は思います。自分という人間を相手に伝えるのにふさわしい経験を語れるかどうか。その経験が的確に言語化されているかどうか。そして、相手が知りたがることを想像して、それに答えられるコミュニケーション能力があるかどうか――これらが、面接官にアピールする面接になるか、そうでないかを分けるのです。

また、面接官がよくする質問に「あなたの長所と短所を教えてください」というものがあります。この質問の狙いは、直接その人の性格を知ろうというより、どの程度客観的な自己理解ができているかを知ろうというものです。ただ、どうせ答えるなら、印象に残る答え方をしてみたいもの。それには、具体的なエピソードを入れて説明するのが効果的です。

「どんな人も受け入れる、心を開いた人間と思われているようです」と言うより、「旅先でも地元の人からよく道を尋ねられます。それは、たぶんどんな人も受け入れる、心を開いた人間だと思われるからではないでしょうか」とエピソードをつけたほうが印象的になります。

ほかに、こんな方法もあります。それは、第一印象を否定することです。緊張していれば、人の表情は実際より冷たく見えたり、おとなしそうに見えたり、また生真面目に見えたり、怖そうに見えたりもするものです。そこで、ここでも「私はよく、〜と言われますが、実は〜です」と自分から言うことで、「え？　そうなの？」と最初のネガティブなイメージを払拭《ふっしょく》してしまいます。

「私は、一見怖そうに見られますが、友だちからいつも『話をよく聞いてくれるね』と言われます」

「私は、引っ込み思案と見られますが、実はそうではありません。先日、こんなことがありました」

などと、自分の印象をわざとひっくり返して、アピールするという手もあるのです。

■リラックスして面接に臨むには

面接で会社側が知りたいのは、応募書類ではわからなかったこと、つまり、人との接し方、応答の仕方といった人間としての能力の部分だといっていいでしょう。

何かを聞かれて、どんな言葉を使い、どんな態度で答えるか。自分についてじっくり考え、それから好きになれそうな仕事を探し、そこからたどりついた会社の面接に臨んでいるなら、慌てることなく、きちんと振る舞う余裕もてるはずです。大切なのは、会社探しのステップをきちんと踏んで、面接に臨むことなのです。

そうはいっても、やはり面接官と対峙《たいじ》するのは怖いものです。彼らも一〇～三〇分程度の面接で、応募者について間違いなく見きわめようとしているのですから、厳しい表情になるのも無理はありません。

応募者は、ドキドキして当然です。どうも言いたいことがうまく言えていない、と思ったら「すみません、緊張しています」と言ってしまいましょう。自分の気分をほぐすために、面接の本題ではないことを口にするのは効果があります。面接官によっては、「リラックスして」と笑顔を向けてくれる場合もあるでしょう。

また、相手が二人以上いる場合の面接では、たいてい、質問する人と観察する人、という役割分担がされています。一方の面接官が終始黙っているからといって、何か自分が気分を損ねるようなことを言ったのかなどと、取り越し苦労をしないこと。ただ観察するのがその人の役目なのです。

この観察担当の面接官は、応募者の話の内容だけでなく、態度や表情も見ています。次のようなことに気をつけてください。

▼いつも口角を上げているように気をつける。そうすると表情が明るくなる

▼肯定の気持ちは「わかりました」という言葉だけでなく、うなずいて、動作も加え、はっきりと示す

▼質問の意味がわからない、といった疑問は、目を見開いて「え?!」という表情で聞き返す。眉間《みけん》にしわは寄せない

▼質問していない人のほうにも、ときどき顔を向ける

こうした点に気をつけるだけで、人の表情や印象はかなり明るくなります。こうした努力を、本来の自分とは違う姿を売り込むため、と考えないでください。

面接は、試験であると同時に、未知の人に自分を知ってもらう場でもあります。これから社会へ出て行こうとする人たちが、相手に好感情を抱かせ、お互いの意思疎通をスムーズにしようとする、人に対するマナーを守るのは、当然のことなのです。

私が、「こうすれば面接はうまくいきますよ」というのは、就職を希望する皆さんをよく見

せるためのテクニックを教えようとしているのではありません。相手の質問の意図を正しく理解し、自分についてきちんと伝え、よいコミュニケーションをとる方法を知ってもらいたくてアドバイスをするのです。

最後に、集団討論（グループ・ディスカッション）についても紹介しておきましょう。集団討論では、面接官は何を見きわめようとするのでしょう？　会社の仕事は共同作業です。これまで繰り返し述べたように、非凡な能力や行動力よりも、誰とでも協調して働けることが、まず求められます。ですから面接官は、ほかの人の話をよく聞いて、きちんと理解し、的確に反応して言葉を返せる人に高い評価を与えます。何度も発言すればいい、というものではないのです。

また、ベテラン採用担当者の話では、混乱した話し合いをうまくまとめ、流れを調整するような人にも、リーダーシップへの可能性を感じ、注目するそうです。こうした資質は簡単に身につくものではありません。ただ、面接官が何を知りたいと思っているか、それをわきまえて討論に参加すれば、大きな失敗はせずにすむと思います。

一歩進んで、面接時に、応募者の側から聞いておきたいことも少しあげておきましょう。一つは、その会社が社員を育てるシステムをきちんともっているかどうか、です。チャンスがあれば、こう尋ねてみてください。

「こちらの会社では、入社して三年経った方は、どんな仕事をなさっていますか」

そう質問して、きちんと答えてくれるような会社なら、新入社員を育てるプログラムがちゃんとあるということです。また、説明会のような場で、この質問に若い社員が回答してくれたとしたら、それは実際に働いている人にも、自分のキャリアについてのプログラムが把握できているという証明です。つまりシステムがきちんと機能している、ということになるのです。

そのうえ、この質問で得た知識は、入社したあとでも支えになります。新入社員は、今やっていることがなんの役に立つのか、どんな仕事の一部なのかさっぱりわかりません。あらゆることを、ただ必死で片づけ、覚えていかなくてはならないものです。そんなとき、「でも三年頑張れば、自分一人で取引先を担当させてもらえる」「三年間、この部署で努力すれば、異動があってまた別の仕事を覚えさせてもらえる」と思い出せば、どんなに励みになるでしょう。

また、最終面接に残り入社の意思を確認された場合、こんな質問もいいかもしれません。会社側はこう聞くでしょう。

「最後に何か、ありますか？」

「はい。卒業までの時間を無駄にしたくないと思います。入社までにどんな準備をしておけばいいでしょうか」

もちろん無理に聞くことはありません。ただ、せっかく内定をもらったのですから、こう尋ねれば前向きな姿勢を感じ取ってもらうことはできるはずです。

■面接には練習が必要です

「面接の成否は初めの数分で決まってしまう」とよく言われます。数分では、志望動機も語っていないではないか、と思うかもしれません。でも、部屋へ入る→椅子に座る→名前を言う、といった一連の動作だけで、面接官はその人の人となりについて、多くの印象を得てしまうのです。

面接のベテランといわれる人たちが「その人が話した内容より、態度や表情のほうが印象に残る」というのも、そのあたりのことを言っているのでしょう。ですから、面接はぶっつけ本番ではいけません。事前に練習をして、第三者に印象を聞いては修正するという作業が必要になります。

面接官役は、大学の就職カウンセラーでも、両親でも、既に就職しているきょうだいや先輩でもいいでしょう。部屋のドアをノックするところから始めます。ドアを開けたらまず戸口に立ち止まって、氏名を言い、挨拶をします。

「失礼します。小島貴子です。よろしくお願いします」

という具合です。

先方の「どうぞ」、という言葉を待ってから、部屋の中央に進み、また「お座りください」とすすめられるのを待って、「失礼します」と断って着席します。これは社会人として常識的なマナーです。ここまでで面接官は、その人の第一印象を形作ってしまいます。侮ってはいけません。

そこまでスムーズにできたら、模擬面接をしてみます。面接官役の人には、次のような質問をしてもらいます。どれも、多くの面接会場で出てくる質問です。

- 我が社を志望された理由はなんですか?
- 学生時代はどんなことを熱心にやりましたか?
- 我が社でやってみたいことはなんですか?
- あなたの長所と短所はどんな点ですか?

言葉を吟味し、これまで説明してきたようなことに気をつけて、答えてみましょう。相手の反応や感想をよく聞いて、修正していきます。こうしたシミュレーションをしておくと、本番であがってしまっても、頭が真っ白にならずにすみます。

それでも、中には人前で話すのがどうしても苦手、という人もいるものです。面接は緊張して当たり前。話すのが苦手という人は、なおあがってしまいます。そんな人に、私はよくこう言います。

「何も、流ちょうに話せなくてもいいのよ。うまく話せないと思ったら、その分、応募書類を丁寧に書き込んでおくの。言葉に詰まったら、『エントリー・シートに書いてある通りです』と言ってもいいんですから」

面接官は、たくさんの人に会っています。いわば、人を見るプロです。あなたがあがり性で、熱意はあっても言葉がついてこないタイプの人だということは、すぐに察します。ですから「書類に書いてある通りです」といっても失礼にはなりません。それよりも、うまく話せないことに動揺して取り乱したり、泣き出したりするほうがマナー違反になります。

面接はあがるもの、緊張して当たり前のものです。事前の練習で慣れておくこと。マナーとして欠けている点を補っておくこと。どうしても充分な応対ができないと思ったら、その分、応募書類を練り上げておくこと。そうした自分に合った準備をきちんとしておいてください。

それでも就職がうまくいかなかったら

就職は「試験」ですから、当然うまくいかないこともあります。大切なのは、そこで気落ちしてしまわず、なぜうまくいかなかったか、原因を見つけ出すことです。

そして自分に足りなかったものを補って、また挑戦することです。就職活動を、私は六つのステップに分けて考えています。ここでもう一度復習しておきましょう。

ステップ1　自分について知る

自分がどんなことに興味をもっているか、もう一度よく考えてみます。子どもの頃を振り返ってみると、その根元が見つかることはよくあります。興味をもっていることが、続けていくと得意なことになり、やがてその人の能力へと育つのです。興味がどこにあるのかよくわからなければ、小さな手がかりを広げて興味を掘り起こす努力をします。それまで関心のなかったジャンルの本を読んでみる。新聞を隅々まで読む。友だちが興味をもっていることに関心を払ってみる。方法はいろいろあります。

ステップ2　仕事を探す

自分の興味や、得意なこととマッチする仕事を具体的に探します。興味のあることとそのものを仕事の形に置き換えるのではなく、その周辺に現実にどんな仕事があるかを調べると多くの仕事が見つかります。

業界、職種、仕事の内容、扱っている商品やサービスといった、多角的な方向から探すのも一つの方法です。働いた経験のない人にとって、いちばん知識のない部分ですから、ここで先入観をもたずに、できるだけたくさんの仕事を見つけておくことが大切です。

ステップ3　会社を探す

自分にマッチした、好きになれそうな仕事が見つかったら、その仕事ができる会社を探します。その会社が有名だから、という他人の評価を意識した視点ではなく、あくまでその会社で自分が働き続けることができるか、を基本に置いてください。そして探し当てた業界や会社についての具体的な情報を、会社説明会なども利用してさらに集め、応募する会社を絞り込んでいきます。

ステップ4　応募

採用に応募します。ここまでの準備過程（自分の見直し、マッチする仕事は何か、その仕事ができる業界や会社はどこか）で集めた情報や、その情報に対する自分自身の理解は万全でしょうか？　なぜその仕事がしたいのか、なぜその会社に就職したいのかを言葉にして整理できているでしょうか？　準備を整えてから、選んだ会社に応募します。

このとき、あまり会社の数を絞り込まないようにします。多くの採用試験をこなしていくうちに、結果とは別に、どうすれば合格するか、わかってくることが多いからです。

ステップ5　採用試験

適性検査、一般常識などの筆記試験と面接です。就職も受験と同じです。試験は充分な準備なしに合格することはできないものですから、筆記試験の準備も怠らずに。

ステップ6　結果・採用の場合

内定が出たら、もう一度その会社で納得できるかステップ1に戻って考えてみましょう。不安があるなら、それが会社に対する不安なのか、自分自身やっていけるかどうかという不安なのか、見きわめなくてはなりません。
会社に対しての不安なら、社会人の先輩にも相談してみます。もう一度その会社について考え直すことも必要です。ただ、自分が会社でちゃんとやっていけるか、という不安ならあまり心配しないこと。未知の環境に入って行くときは誰でも不安になるものです。

ステップ6　結果・不採用の場合

失敗を振り返るのはイヤなものですが、結果が不採用と出たら、その原因を探します。そして修正して再度新たな採用試験に挑戦しましょう。

大切なのは、この六つのステップを、必ずステップ1から順番にたどることです。足場を固めずに、目的の場所に到達することは誰にもできません。残念ながら結果が不採用となってしまったら、徹底的に原因を探しましょう。そして原因がよくわからなかったら、遠回りに思えても、必ずステップ1まで戻ってやり直してください。多くの人たちが、六つのステップの四番目、応募の時点からまた始めてしまうことが多いのです。それでは根本的なやり直しになりません。同じ失敗を繰り返してしまいます。

　就職活動は、「仕事をする社会人」という、新しい自分の居場所を見つける、とても大切な作業です。多くの人が、ある程度年齢を重ねてから、改めて自分を見つめ直す必要に迫られます。それは、なかなか辛い経験です。でも、この経験をくぐり抜けずに、就活をやり通すことはできません。

　親世代の人たちが就職活動をしていた時代とは違い、現在の就活はかつてないほど厳しいものになっています。それはこれから社会に出ようとする人たちにとって、確かに不運なことかもしれません。けれども、厳しいからこそ、本当に大人になるチャンスでもあるのです。

　就職活動は、自分と向き合う作業の連続です。この自分を探す経験は、仕事に就いてから必ず生きてくるでしょう。働くということは、生活を支えるためのものですが、働く中で新しい自分を作っていくことでもあります。これから就職しようとする人、一人一人が、この経験の中で発見した自分を土台にして、この働くことのすばらしい意義を見出していってほしいと思います。また、既に働いている人たちにも、もう一度働くことの意味を考え直し、惰性に流れて仕事をこなすのではなく、さらに新しい価値観を探し当ててもらいたいのです。

私は、働き始めてからずっと、〈働く〉ことに魅入られてきました。働くことが私を成長させ、新たな仕事へと導いてくれたからです。一四年間のキャリア・カウンセラー時代、私は多くの人たちと一人一人向き合い、就職のあと押しをしてきました。それはやりがいのある仕事でしたが、個人でできることの限界も、次第にはっきりしてきたのです。

今の日本では、小・中・高、それから大学や専門学校という学生たちの世界と社会とが断絶しています。これから社会に出るもっと多くの人たちに、教育という形で手助けをすることはできないか――私はそう考えるようになったのです。そのために大切なのは、就職することだけではない。まず社会と若い人たちがつながりをもたなくてはならない。学生の時代から、彼らが企業だけでなく、NGOや地域や行政ともつながりをもてば、社会との間にある溝は埋まり、社会の側でも彼らを受け入れやすくなるだろう。そのための橋渡しができないだろうか？　そう考えて、たどりついたのが〈コオプ・コーディネーター〉という現在の仕事でした。

それは働くことに関してさまざまな形で苦しんでいる多くの人たちと、社会をつなぐ仕事でもあります。一人でも多くの人が、働くことのすばらしさを味わってほしい。それが私の願いなのです。

この本は就職のためのノウハウを語った本ではありません。厳しい就職活動から逃げずに、その経験を通じて若い人たちが成長してくれることを願って書いた本です。ここに書いたヒントを使ってどうぞ自分なりの工夫をしてください。

また、現在の就職状況を知らない大人たちには、ただ若い人たちを非難するだけでなく、この本が理解の一助になれば、との願いもこめました。この一冊が、働くことに悩んでいる人たちと、社会をつなぐ小さな架け橋になってくれるよう、願っています。

おわりに

私は時おり振り返ります——これまでにいったい、どれだけの〈就職迷子〉と出会ってきただろうかと。

「あなたはどこからきたの？」

「どこへ行きたいの？」

「どうしてそこへ行きたいの？」

「何を持っていこうとしているの？」

そんな問いかけを、私は何度も何度も繰り返してきました。

これがただの迷子なら、彼らを必死に捜す親や大人がいるでしょう。けれども、就職迷子はたった一人で自分の行き先を探さなくてはなりません。学校や支援組織から離れれば、その先は孤独で辛い一人旅なのです。

親でさえ、子どもたちを支えることはできても、力にはなれないのが実情です。社会が大きく変わったために、親世代の就職体験はもう通用しません。結局「あなたの好きにしなさい」と無力な言葉をかけるしかないこともあります。

そんな迷子たちが頼りにできるのは自分自身だけです。就職する前に、まず自分と向き合うように私は言います。まず「感じて」「考えて」「選択して」「決断して」、それから「行動する」、それが大切だよ、と言うのです。

長いことさまざまな若者たちと「働くこと」「会社に入ること」について考えてきました。本書は、そうした多くの経験から導き出された働くための具体的なプロセスの、いわば集大成でもあります。

現場での守秘義務と、セミナー参加者のプライバシー保護のために、私は記録というものを一切とりません。そのため、私のセミナーをもとに本を作るには、現場を知ってもらうしか手段がありませんでした。そんな困難な状況から、集英社新書編集部の池田千春さんと、木村礼子さんは多くの現場へ足を運び、そこで「感じ」「考え」「選択し」「決断し」、この本をいっしょに作ってくださいました。

あふれるほどの就職情報の中で、時に道に迷いかけた私が、ともかく自分の考えを一つの形にすることができたのは、お二人の力と、支えてくれた人たち、そしてこれまで出会ってきた多くの若者たちのおかげだと改めて感謝いたします。
最後に、就職の迷子を社会の迷子にしないためにも、受け皿となるべき社会と企業に対し、彼らを温かく見守り、はぐくんでくださることを切に願ってやみません。

小島貴子

二〇〇六年　七月

編集協力／木村礼子
レイアウトデザイン／小島由記子
図表作成／テラエンジン

小島貴子（こじま たかこ）

一九五八年生まれ。立教大学コオプ教育・インターンシップオフィス コオプ・コーディネーター。キャリア・カウンセラー。大手銀行に入社後、新人教育を担当。九一年に埼玉県の職業訓練指導員になり、キャリア・カウンセリングを学ぶ。以後、若者だけでなく中高年の再就職支援や就職支援プログラムの企画運営など、多方面へのキャリア形成研究講座を実践。著書に『子供を就職させる本』『我が子をニートから救う本』『もう一度働く！55歳からの就職読本』など。

集英社新書〇三五九E

就職迷子《しゅうしょくまいご》の若者《わかもの》たち

二〇〇六年九月二〇日 第一刷発行
二〇〇九年四月 六 日 第一〇刷発行

著者……小島貴子《こじまたかこ》
発行者……大谷和之
発行所……株式会社集英社
東京都千代田区一ツ橋二-五-一〇 郵便番号一〇一-八〇五〇
電話 〇三-三二三〇-六三九一（編集部）
〇三-三二三〇-六三九三（販売部）
〇三-三二三〇-六〇八〇（読者係）

装幀……原 研哉
印刷所……大日本印刷株式会社 凸版印刷株式会社
製本所……加藤製本株式会社

定価はカバーに表示してあります。

ISBN 4-08-720359-X C0236

Printed in Japan

a pilot of wisdom

集英社新書　好評既刊

英単語が自然に増える	尾崎哲夫
新人生論ノート	木田　元
ヒンドゥー教巡礼	立川武蔵
人はなぜ憎しみを抱くのか	A・グリューン
戦場の現在《いま》	加藤健二郎
日本の古代語を探る	西郷信綱
アマゾン河の食物誌	醍醐麻沙夫
英語は動詞で生きている！	晴山陽一
医師がすすめるウオーキング	泉　嗣彦
レンズに映った昭和	江成常夫
豪快にっぽん漁師料理	野村祐三
退屈の小さな哲学	L・スヴェンセン
悲しみの子どもたち	岡田尊司
中華文人食物語	南條竹則
流星の貴公子　テンポイントの生涯	平岡泰博
著作権とは何か	福井健策
古本買い　十八番勝負	嵐山光三郎

北朝鮮「虚構の経済」	今村弘子
終わらぬ「民族浄化」セルビア・モンテネグロ	木村元彦
国際離婚	松尾寿子
病院で死なないという選択	中山あゆみ
よみがえる熱球―プロ野球70年	林　新
韓国のデジタル・デモクラシー	玄　武岩
江戸っ子長さんの舶来屋一代記	茂登山長市郎
フォトジャーナリスト13人の眼	日本ビジュアル・ジャーナリスト協会編
江戸の旅日記	H・プルチョウ
脚本家・橋本忍の世界	村井淳志
反日と反中	横山宏章
行動分析学入門	杉山尚子
ショートショートの世界	高井　信
働きながら「がん」を治そう	馳澤憲二
フランスの外交力	山田文比古
あの人と和解する	井上孝代
自宅入院ダイエット	大野　誠

a pilot of wisdom

インフルエンザ危機《クライシス》　河岡義裕
ご臨終メディア　森達也　森巣博
人民元は世界を変える　小口幸伸
江戸を歩く〈ヴィジュアル版〉　田中優子　写真・石山貴美子
ジョン・レノンを聴け！　中山康樹
乱世を生きる 市場原理は嘘かもしれない　橋本治
チョムスキー、民意と人権を語る　N・チョムスキー　聞き手・岡崎玲子
奇妙な情熱にかられて　春日武彦
松井教授の東大駒場講義録　松井孝典
食べても平気？ BSEと食品表示　吉田利宏
必笑小咄《こばなし》のテクニック　米原万里
アスベスト禍　粟野仁雄
小説家が読むドストエフスキー　加賀乙彦
環境共同体としての日中韓　監修・寺西俊一　東アジア環境情報発伝所編
論争する宇宙　吉井譲
人間の安全保障　アマルティア・セン
不惑の楽々英語術　浦出善文

姜尚中の政治学入門　姜尚中
喜劇の手法 笑いのしくみを探る　喜志哲雄
台湾 したたかな隣人　酒井亨
郵便と糸電話でわかるインターネットのしくみ　岡嶋裕史
反戦平和の手帖　C・ダグラス・ラミス　喜納昌吉
巨大地震の日　高嶋哲夫
男女交際進化論「情交」か「肉交」か　中村隆文
フランス反骨変人列伝　安達正勝
日本の外交は国民に何を隠しているのか　河辺一郎
ハンセン病 重監房の記録　宮坂道夫
必携！ 四国お遍路バイブル　横山良一
映画の中で出逢う「駅」　臼井幸彦
幕臣たちと技術立国　佐々木譲
大人のための幸せレッスン　志村季世恵
サッカーW杯 英雄たちの言葉　中谷綾子アレキサンダー
ヤバいぜっ！ デジタル日本　高城剛
娘よ、ゆっくり大きくなりなさい　堀切和雅

a pilot of wisdom

集英社新書　好評既刊

戦争の克服
阿部浩己／鵜飼 哲／森巣 博　0347-A

戦争をなくすことは可能か——異色の作家の「人類最大の難問」に、哲学者、国際法学者はどう答えたか。

「権力社会」中国と「文化社会」日本
王雲海　0348-A

日中大誤解の真因である「社会特質」の違いに着目し、「深層的相違」に迫る。気鋭の学者による刺激的論考。

アメリカの原理主義
河野博子　0349-B

保守回帰を強めるアメリカ社会。宗教右派を中心にした「もう一つの原理主義」の現状を多角的に検証する。

独創する日本の起業頭脳
垂井康夫／武田郁夫編　0350-B

目先の利益を追わず、独創と開拓者精神にこだわり、世界一、日本一をめざした八人の起業家の「志」とは。

ブッダは、なぜ子を捨てたか
山折哲雄　0351-C

わが子に〝悪魔《ラーフラ》〟と名づけ、妻子を捨て家を出た若き日のブッダ。その謎を追い、ブッダの思想の真髄に迫る。

日本神話とアンパンマン
山田 永　0352-F

『古事記』をはじめとする神々の物語をアンパンマンワールドにそってわかりやすく解説・解読すると……。

憲法九条を世界遺産に
太田光／中沢新一　0353-C

日本国憲法の本当の価値とは、九条の意味とは。二人の視点を通して改めてこの国の姿を考える、白熱の対論。

悪魔のささやき
加賀乙彦　0354-C

恐ろしい破滅が待つと知りながら人はなぜ一線を越えてしまうのだろうか。様々な実例をふまえた警告の書。

ダーウィンの足跡を訪ねて〈オールカラー〉
長谷川眞理子　002-V

イギリス各地からガラパゴスまで、ダーウィンの思索と研究の現場を歩き、その生涯を再考する旅の記録。

中国10億人の日本映画熱愛史
劉文兵　0356-F

高倉健や山口百恵はなぜ中国10億の人民に熱狂的に愛されたのか。日中映画交流史への中国側からの讃歌。